Diogenes Taschenbuch 22948

Lieber Weihnachtsmann...

bitte nicht wie letztes Jahr!

Hundert Briefe italienischer Kinder

Zusammengestellt von Federica Lamberti Zanardi und Brunella Schisa

Aus dem Italienischen von Linde Birk

Diogenes

Titel der Originalausgabe:
›Caro Babbo Natale,
non fare come l'anno scorso!‹
Cento lettere ›scoperte‹
da Federica Lamberti Zanardi
e Brunella Schisa

Die deutsche Erstausgabe erschien 1992
im Diogenes Verlag
Umschlagillustration von
Philipp Keel

Für Andrea

Veröffentlicht als Diogenes Taschenbuch, 1996

www.diogenes.ch
50/00/52/2
ISBN 3 257 22948 8

Geheimpost an den Weihnachtsmann

Dieses Buch kam durch eine erstaunliche Entdeckung zustande: es gibt ein italienisches Ministerium – und es ist vielleicht das einzige, das gut funktioniert –, über das keiner spricht. Es hat keinen besonderen Namen, doch vielleicht könnte man es »Ministerium für Angelegenheiten des Weihnachtsmannes« nennen oder, um keinen zu benachteiligen, »Ministerium für Angelegenheiten des Weihnachtsmannes, der Befana, des Christkinds, des Sankt Nikolaus und der heiligen Lucia«.*

Nein, wir wollen uns hier nicht über die italienische Bürokratie lustig machen, dieses Ministerium gibt es tatsächlich. Es befindet sich in dem großen Postgebäude von Rom-EUR und beansprucht nicht viel Platz: nur zwei schmale kleine Räume.

Dort kommen Jahr für Jahr Tausende von Briefen an, die von Kindern aus ganz Italien ab Anfang Dezember eigenhändig aufgegeben werden. Und wir hatten das

* *Befana*, eine Hexe, die am Tag der Heiligen Drei Könige durch den Kamin kommt, den lieben Kindern Geschenke, den bösen Kohle bringt. *Santa Lucia*, Märtyrerin aus Syrakus, als Christin hingerichtet, wahrscheinlich unter Diokletian (304?). Ihr Name wurde mit Licht *(lux)*, ihr Tag (13.12.) mit der Wintersonnenwende gleichgesetzt. Der Legende nach hat sie sich die Augen ausgerissen und ihr Vermögen an die Armen verschenkt. Daher der Volksglaube, daß sie die Strümpfe mit Geschenken füllt. (A. d. Ü.)

Glück, in diese Briefe – oder besser gesagt – Berge von Briefen Einblick nehmen zu dürfen.

Bevor uns die »Postbeamtinnen des Weihnachtsmanns« Einlaß in ihre zwei Räume gewährten und uns ihre Schätze zur Verfügung stellten, mußten wir allerdings eine Genehmigung des Postministeriums einholen, was aber nicht schwierig war.

Diese äußerst beschäftigten Angestellten sind nicht etwa von uns erfunden (wer wollte da noch über die römische Bürokratie schimpfen...), sie lesen jedes Jahr monatelang diese Kinderpost, erfassen ihre Absender (soweit vorhanden) und beantworten sie mit einem Standardbriefchen, dem ein rein symbolisches kleines Geschenk beigelegt wird.

Unser Dank gilt vor allem den liebenswürdigen Personen, die unsere Arbeit überhaupt ermöglicht haben. Wir danken ihnen aber auch im Namen all der vielen armen und reichen, glücklichen und unglücklichen Kinder aus allen Teilen Italiens, die ganz gewiß einen Augenblick der Spannung und Freude erleben, wenn sie eine Antwort auf ihr Briefchen und ein winziges Geschenk erhalten. Danken möchten wir also Lorella, Margherita, Floriana, Hristina, Angelo, Fabiola und Isabella. Und Emilio Veschi, dem Direktor der Postverwaltung, sowie seiner Sekretärin Silvana Zeppieri.

So hat dieses Buch eine kleine Geschichte, die zu den erfreulichen kleinen Geschichten unserer Gesellschaft gehört, in der eben doch nicht alles nur schlecht funktioniert. Eine Geschichte, die 1985 begann, als Emilio Veschi auf die Idee kam, einen jährlichen Wettbewerb für

Kinderbriefe auszuschreiben. Diese Idee fand immer mehr Anklang: während 1985 dreitausend Briefe eintrafen, waren es im folgenden Jahr schon zehntausend, 1987 doppelt so viele, 1990 fünfzigtausend, und dieses Jahr werden es gewiß über sechzigtausend sein. Im allgemeinen schicken die Kinder ihre Umschläge mit Briefmarken ab, die sie selbst gezeichnet oder mit ausgeschnittenen und aufgeklebten Marken und Bildchen gebastelt haben.

Bestimmt wird jemand fragen, was das für Geschenke sind, die den kleinen Briefschreibern da zugeschickt werden. Es handelt sich um winzige Sachen: Radiergummis, Stifte, Notizbücher, Schlüsselanhänger für die kleinen Jungen, Kämmchen und andere Kleinigkeiten für die Mädchen.

Gewiß, unsere Aufgabe hat uns begeistert, zugleich war sie aber auch undankbar: wir konnten natürlich nicht fünfzigtausend Briefe lesen, doch ein paar tausend waren es schon. Und da unsere Auswahl hier nur etwa hundert Briefe umfaßt, sind wir unseren Lesern eine Erklärung schuldig, nach welchen Kriterien wir sie ausgesucht und auf welche Weise wir sie für die Veröffentlichung eingerichtet haben.

Die Erlaubnis, diesen ungewöhnlichen Briefschrein zu öffnen und seinen Inhalt zu verwenden, war natürlich an eine Bedingung geknüpft: die Briefe durften nicht erkennbar sein, und ihre Verfasser mußten anonym bleiben, um jede Peinlichkeit zu vermeiden und nicht das Schamgefühl all der Kinder zu verletzen, die sich so vertrauensvoll und aufrichtig an ihre »himmlischen« Briefpartner gewandt hatten. So mußten wir also, wie wir gern eingestehen, ein paar kleine Veränderungen vornehmen: wir haben die Namen und in einigen Fällen auch den Wohnort (nicht aber die Region) verändert, manchmal eine Wunschliste gestrichen, die schon in anderen Briefen vorkam oder gewisse allzu genaue Einzelheiten weggelassen, an denen man ein Kind oder seine Eltern leicht hätte erkennen können. Inhalt und Form der Briefe haben wir allerdings völlig unangetastet gelassen.

Was die Auswahl betrifft, haben wir uns nicht darauf beschränkt, die hübschesten und lustigsten Briefe auszusuchen. Es wäre ziemlich einfach gewesen, eine Sammlung von orthographischen Fehlern, Mißverständnissen und Stilblüten zusammenzustellen. Eine solche Anthologie hätte aber nur dazu veranlaßt, über diese Kinder zu lachen, während es unsere Absicht war, einen Einblick in die Kinderwelt zu vermitteln, herauszufinden (und dem Leser darzustellen), was Kinder wirklich denken, sich erträumen und wünschen. Und was eignet sich dafür besser, als das »Herumschnüffeln« in ihrer geheimsten und spontansten Korrespondenz?

Wir haben daher auch alle jene Briefe weggelassen (es waren Tausende), die eindeutig von Erwachsenen angeregt oder gar diktiert worden waren, heuchlerische brave Pflichtübungen, mit denen man Kinder zwingt, den Frieden auf der Welt zu beschwören oder die Hungersnot zu beweinen. Da waren uns die zerknitterten Zettelchen in unleserlicher Handschrift, die ohne Umschlag heimlich abgeschickt worden waren, wirklich lieber. Mal waren es ganz empörte Briefe, an denen sich, überraschend für sechs-, sieben-, höchstens achtjährige Kinder, der ganze

Lebensüberdruß ablesen läßt. Ohne daß Eltern oder Lehrer etwas davon ahnen, kursieren diese mal traurigen, mal verzweifelten, oft widersprüchlichen, unverschämten oder flehentlichen Briefchen wie ein richtiger Samisdat der Kindheit.

Diese Heimlichkeit, dieses Eigenleben neben dem des Erwachsenen ist quer durch alle sozialen Schichten für alle Kinder charakteristisch. Da gibt es ergreifende Briefe, wie den eines Jungen, der um ein Paar Schuhe bittet, die ihn nicht an den Fersen drücken, oder solche, die ganz nüchtern schildern, daß Kindern die Mutter fehlt, daß der Vater arbeitslos oder ständig weg ist, Briefe von Kindern armer Familien, die wissen, daß Geschenke ein Luxus sind, den sie sich nicht erlauben können. Daneben gibt es auch Briefe von Kindern aus wohlhabenden Verhältnissen, die oft nur die Werbekataloge der Spielzeugindustrie abschreiben, doch sind darunter auch solche, die nicht den oberflächlichen Massenbedürfnissen erliegen, sondern um ein ganz persönliches und geheimes Geschenk bitten.

Außer an den Weihnachtsmann (ihren wichtigsten Adressaten) wenden sich die Kinder auch an die Befana, die heilige Lucia, den Nikolaus und das Christkind, was zeigt, daß regionale Traditionen auch heute noch weiterbestehen. Kinder können aber auch oft große Theologen sein, die der Zweifel verzehrt, die sich der Ekstase ergeben, die von der Häresie versucht werden. Sie fragen sich ständig: gibt es dich oder gibt es dich nicht? Bist du da oder bist du nicht da? Gibt es irgendeinen, der für Gerechtigkeit sorgt? Kann man wenigstens euch trauen?

Um es mit den Worten eines Kindes auszudrücken: »Gib mir ein kleines Zeichen, wenn es dich gibt, schick mir ein Autogramm, einfach so, damit ich ein bißchen an dich glauben kann...«

Dieses Buch ist allen gewidmet, die gern ein bißchen an den Weihnachtsmann und seine Helfer glauben möchten.

Federica Lamberti Zanardi
Brunella Schisa

Rom, November 1991

Billiger Mist

Lieber Weihnachtsmann,

ich bin ein armes Kind mit Namen Marcello, wohnhaft in der Via Settecamini, hinter dem Zeitungskiosk. Ich habe gemerkt, daß du, von wegen daß alle gleich sein sollen, den reichen Kindern immer mehr Sachen bringst und mir und Guglielmo, die arm sind, immer weniger.

Warum bist du so gemein?

Oder magst du die Armen vielleicht nicht?

Letzjahr hast du dem Ferretti Maurizio, reich, das Raumschiff von 1 Men und den Paragleiter mit Gebrauchsanweisung geschenkt. Und mir nur zwei Mistdinger für zwei Lire. Dann bist du doch wirklich nicht sehr intelligent, weil du müßtest es an Weihnachten grade umgekehrt machen, daß einer der wenig hat, viel kriegt und wer viel hat ein einziges Mal wie die andern ist. Meinst du nicht auch?

Also dann bring mir diesmal bitte das Wassermotorad mit richtigem Motor, den Paragleiter mit Gebrauchsanweisung, das Funktelefon wie für die Polizei, den Compiuter, die Vespa 50 ohne Führerschein (für meinen Bruder Massimo der sie mir leiht), den Pelz für Mama, das Motorad für Papa, der mit der Ausrede, daß er keins hat, keine Arbeit kriegt und eine Arbeit für Papa zum Benzin kaufen, weil sonst bleibt das Motorad stehen.

Vergiß aber nichts, bring alles und machs nicht wie sonst immer. Fröhliche Weihnachten von deinem Ferdinandi Marcello.

Marcello – Rom

Bloß ein paar Sachen

Lieber Weihnachtsmann, ich möchte bloß ein paar Sachen:

Barbie, Schöne Ballerina, Segreta-Puppe, mein kleines Fahrrad, nicht den Wagen, Puppe, die weint, Puppe, die spricht, Seeflotte, der menschliche Körper, Naseweis, zwei komplette nouvelle Kusine, Videogerät Vhf mit leerer Kassette, Mein Baby, ein Pony (kein echtes), Compiuter Oliveti, Wir werken, Briefumschläge von Barbie und Papier von Barbie, Schicchere-Püppchen, Alice wo leuchtet, diese weiche Puppe, ein Anzug von Ledi Oscar, Birimba zwei mit dem Wagen und Wiege und dann noch die Dusche. Monopoli, das Moderad*, die Feuerinsel, echte Schminke, das Campingauto von Barbie. Gitarre mit Strommikrofon, Schreibmaschine mit rosa, weißem, gelbem, blauem, grünem Papier, das Pferd von Barbie, einen kleinen Rucksack für die Ausflüge, ein Kleid

* Ein Rad aus Pappe, das man dreht; dann kommen verschiedene Mode- und Handarbeitsfragen. *(A. d. Ü.)*

und echte Ballerinaschuhe, Autorennbahn, ein weißes Hochzeitskleid und Schuhe mit hohem Absatz.

Den Apparat für die Zähne, ein Tagebuch, unechte Brille, 5 Fußbälle, 5 Federbälle, einen Ofen mit Strom, eine Uhr mit zwanzig Batterien, drei Windjacken für Mädchen, ein Damentäschchen, einen Geldbeutel für Mädchen, alle Buntstifte, normale Farben, ein komplettes Etwi, 33 Hefte mit Häkchen, 33 Hefte liniert und kariert und liniert und kariert für die vierte und die fünfte. Ein sardisches Tanzkleid, Draculakostüme mit Draculazähnen und schwarzen Draculafingernägeln.

Unechte rosa, rote und lila Fingernägel, zwei große Pistolen, vier Spieltelefone und vier Wolkitolki, einen Hut für auf den Kopf, falsche Haare schwarz, rot, gelb, Bücher mit allen Märchen, drei Betten zum Schlafen, drei echte Ferngläser. Ich laß dir das ganze Blatt da.

P. S. Vier Fahrkarten hin und rück nach Holland. Hin und rück nach Verona, hin und rück nach Rom, hin und rück nach Vicenza, hin und rück nach Denver, hin und rück nach Deutschland, hin und rück nach England, sowohl im Schiff wie im Flugzeug, eine Fahrkarte in dein Land, einen kleinen Wolfshund der groß wird und eine echte kleine Katze, 13 Knieschützer...

Anonym – Monza (Mailand)

Der verfrorene Hund

Liebster Weihnachtsmann,

ich habe einen Hund, der heißt Spicchio und zittert vor Kälte. Meine Mama hat ihm fürs Haus ein Kleidchen gemacht, aber wenn er hinaus muß, nimmt sies ihm runter, weil es lächerlich ist und Mama sich schämt, wenn die Leute sagen, sieh mal, wie die den Hund rumlaufen lassen! Und deshalb haßt Spicchio Weihnachten: weil Mama sich nicht auslachen lassen will. Sieh zu, ob du was an der Kälte oder an der Mama oder an den Leuten wo lachen ändern kannst. Ich spreche im Namen von Spicchio.

Chiara – Civitavecchia (Rom)

Vier Welten

Land der Spielzeugzwerge
Nordpol
Norwegen

Lieber und freundlicher Weihnachtsmann,

ich weiß nicht, ob du Zeitung liest, aber da gibt es so viele Leute, die Drogen nehmen, rauchen oder sich prügeln. Vielleicht weißt du nicht viel von den Unglücken. Da gibts den Mazonaswald und die Waisen. Ich hätte gern, daß die Waisen auf der Welt und auch am Mazonas ein schöneres Weihnachten verbringen als wir. Aber wir denken nie an diese Waisen, wir die Kleider haben, die uns nicht gefallen, weil es zuviele sind.

Und die Menschen, die emigrieren? Es ist ein ganzes Volk von Asylanten, die in schmutzigen Zimmern ohne Licht und Heizung durch die Welt ziehen oder in Autos (wenn sies haben). Viele sterben und gehen in eine andere Welt.

Es gibt eine Menge Welten, und ich weiß nicht, ob du in alle gehst und Geschenke bringst: da ist unsere Welt, dann die dritte Welt (was die zweite ist, habe ich nie kapiert), und dann gibt es auch die vierte Welt, die schrecklichste von allen.

Kurz, fast alle sind in den anderen Welten, und die Kinder haben immer das gleiche zerrissene Kleid an und sterben vor Kälte. Es sind verschiedene Weihnachten, weil wir unsere Kleider von dieser Welt in die andere hineinwerfen. Auch wir hätten an ihrer Stelle sein können, und dann hätten sie uns ihre Kleider herüberwerfen müssen. Weihnachtsmann, mach doch, daß die Kinder der Welten Nummer drei und vier genauso normale Leute werden wie wir.

Jetzt schreibe ich dir ein Gedicht, sein Titel heißt »Frieden und nicht Krieg«.

> Der Frieden ist so,
> daß du ihn manchmal nicht spürst.
> aber du siehst ihn.
> Es gibt viele Vögel
> die sterben,
> weil sie nicht mehr atmen können,

die Armen.
Wie können die Menschen
so etwas tun?

Weihnachtsmann, dieses Gedicht habe ich selber erfunden, nicht abgeschrieben!

Marco – Pordenone

Der andere gilt nicht

Santa Lucia
Straße der lieben Kinder
00 Himmel (Weltall)

Liebe Santa Lucia, ich hoffe, du kannst mich verstehen. In dem anderen Brief habe ich dich nicht um die Birimba-Puppe gebeten, weil mich mein Papa sonst gehauen hätte. Wie du ja wohl verstanden hast, habe ich dieses Briefchen heimlich geschrieben, und das andere gilt nicht. Wenn du kommst, dann mach ruhig alle Türen auf, außer die letzte links, die hinter einem Schrank versteckt ist, weil da schlafe ich und ich will keinen Schreck kriegen. Dieses Jahr machen wir den Baum nicht im Flur, sondern im Wohnzimmer. Wenn du nicht weißt, wo das Wohnzimmer ist, such es.

Santa Lucia, sei mir nicht böse, und danke für alles, auch wenn du mir Birimba nicht bringst.

Libera – Carpi (Modena)

Lieber guter Weinachtsman

An den Weinachtsman
Spielzeugland

Lieber Weinachtsman,

ich bin ein Kind, was seinen Eltern fast nie folgt und nie was tun will und in der Schule auch nicht gerade besonders ist. Ich heiße Ercole und wünsche mir sehr ein Hündchen, auch aus Plüsch, aber meine Mutter kauft es mir nicht, weil ich bin alergisch und habe Asma. Diese Hündchen, egal, ob sie echt oder unecht sind, darf ich immer nur von weitem angucken. Ich habe ein großes Lebensmittelgeschäft und auch einen Weinachtsman aus Schokolade. Würdest du gern mit mir spielen? Dann läßt uns Mama ein gutes Vesper richten.

Weinachtsman, wenn du mir was schenken willst, mach, daß die Alergie verschwindet und mir die Lust zum Lernen kommt. Ich habe dir dieses Gedicht geschrieben.

Lieber guter Weinachtsman
du bist doch der Beste
Schneckelchen o Schneckelchen
wohin ziehst du mit dem Häuschen?
langsam, langsam gehe ich
Wenns nicht regnet
und nicht windet
geh ich, dahin, wo mich keiner findet.

Gezeichnet Ercole

Ercole – Chioggia (Venedig)

Vierhunderttausend Lire

Liebe Befana,

Verzeihst du mir, daß ich gestern bei dieser Hausaufgabe Mist gemacht habe? Ich bin ein Mädchen von acht Jahren und heiße Sandrina. Ich habe die Geschenke nicht verdient, aber manchmal bin ich auch lieb, zum Beispiel habe ich gestern meine Lehrerin nicht zum Schreien gebracht, und heute morgen habe ich der Oma beim Erbsenschoten und Mama beim Kochen und im Haushaltmachen geholfen.

Leider habe ich und meine Kameraden wie ich geschrieben habe unsere Lehrerin zum Schreien gebracht, und jetzt kann ich nur noch hoffen, daß du mir verzeihst. Ich möchte gern den Computer Siga und (bitte) mindestens 4 Kassetten. Wenn du 400 000 oder 300 000 hast, kannst du sie mir geben, daß ich ihn mir kaufe. Ich gebe auch bestimmt meiner Schwester keine Ohrfeigen mehr und helfe meiner Mama bis ans Ende ihrer Tage.

Vergiß nicht, daß du, wenn du reinkommst, durch das Ofenrohr mußt, weil wir keinen Kamin haben, aber paß auf, daß du dir nicht weh tust und dich nicht schmutzig machst. Wenn du auch meinen Eltern ein Geschenk machen willst, kannst du, wenn du im Rohr bist, das gleich ein bißchen putzen, aber mach bitte keinen Krach.

Lebt ihr eigentlich zusammen, du und der Weihnachtsmann? Und habt ihr Kinder?

Bring bitte meinem Papa Zement, damit er Mauern für die Häuser bauen kann und meiner Mama eine Creme für die Falten. Ciao.

Sandrina – Latina

Zu viele Füße und wenig im Kopf

Sehr geehrter Weihnachtsmann vom Nordpol,

ich möchte dich fragen, warum du nie zu mir kommst, wo ich doch an dich glaube und nur zu meinen Freunden, die nicht an dich glauben: willst du ihnen vielleicht zeigen, daß es dich gibt? Oder ist die Adresse schuld? Schickst du mir nichtmal dies Jahr ein Geschenk?

Ich lebe bei meiner Oma Luisa, die 68 Jahre ist. Mein Vater ist mit 44 Jahren gestorben, und meine Mama ist aber mit 35 Jahren gestorben. Schuld war der Laster, und dies ist das dritte Weihnachten ohne, aber ich kann mich noch gut an sie erinnern, weil ihre Fotos in meinem und Omas Schlafzimmer sind.

Ich bin in der vierten Grundschulklasse bei den Nonnen, und mein Lieblingsfach ist Biologie. Ich habe die Insekten sehr gern, die ich züchte und aufspieße. Auch im Kindergarten hat meine Lehrerin immer gesagt, ich soll nie aufhören, die Insekten zu lieben, außer die Schnaken. Oma mag die Insekten nicht. Ich bin gegen das Sprei auf die Insekten. Die Insekten können einem leid tun, weil sie zuviele Füße haben und wenig im Kopf.

Ich möchte gern (bitte) wenn möglich ein Pianola. Meine Oma kann es mir nicht kaufen, weil sie kein Geld hat und meine Onkel sind in Amerika.

Ich bin auch zufrieden, wenn du mir das Pianola mit ein paar Tagen Verspätung bringst.

Costantino – Asti

Geht zu Fuß!

Weihnachten am Montblanc
Schneeflockenweg
11043 Courmayer (Aosta)

Liebe Santa Lucia, ich muß Dir was sagen. Ich möchte, daß Du diese Drogen auf der Welt weg tust und diese Verbrecher. Du darfst keinen Krieg mehr erlauben, und die Jungen müssen netter und besser erzogen sein. Liebe Santa Lucia, Du mußt auch die Zigaretten weg tun, und im Familienleben dürfen sie sich nicht mehr schlagen, und die Papas und die Mamas müssen zu Fuß ausgehen und auch die Kinder. Ich heiße Michela und bin sechs Jahre alt. Ich schreibe wenig in den Briefen, weil alle sagen, daß Santa Lucia das Briefchen nicht liest, wenn wir zuviel schreiben.

Dieses Jahr möchte ich eine Puppe. Michela.

Michela – Alcamo (Trapani)

Jungen zum Küssen

Liber Weihnachtsriese,

Stimt das, das du dies Jar heiratst? Meine Schwester Mirta sagt, das sie das in Sorisicanzoni gelesen hat, aber ich glaubs nicht, wil wissen, ob du Wittwer bist wie Onkel Alfonso, wo dies Jar nicht kommen kan wegen Raten für die Tracktors und mus beim Nottar ales regeln und schaft diesen Beruf einfach nicht mehr, aber ich weis nicht welchen.

Bring die folgende Liste: Das Moderad. Dschiens für Schi, das Farrad, Schlitschue und ales was du findest.

Liber Weihnachtsriese, mir gefalen große Buben ser, küssen und Michele Streiche machen, aber Papa hat mir schon einen Klabbs gegeben und gesagt pas nur auf, aber ich habe nichts gemacht, war nur wegen der Verlobung! bringst du eigentlich auch Geschenke für die Erstkomunjon?

Miriam hat eine sechs Seiten lange Liste in ihr Heft geschrieben und ihre Mutter hat sie ihr weggeschmisen.

Ciao Mirandola

Mirandola – Bassano del Grappa (Vicenza)

Verbrecherbäume

Herr Weihnachtsmann,

mir gefällt der Somer viel besser wie der Winter, weil da das Meer ist und die Wärme und keine Schule. Aber im Somer gibts kein Weihnachten, wenn alle plötzlich glücklich werden und niemand mehr umbringen und sich umarmen und küssen und sich Geschenke machen und keine schlimmen Worte mehr sagen und die Knaller loslassen!! Danke, Weihnachtsmann, Ihr ja, Ihr bringt uns das Glück.

Mein Papa sagt, hier im Dorf sind sogar die Bäume Verbrecher und der Polizei ist die Angst wurscht. Aber an Weihnachten läutet alles die Glocken und in dem Dreck kommt Euer edler Schlitten und das Rentier an, und Ihr bringt Gerechtigkeit und Geschenke für mich und Giovanni, für die nie einer was bringt.

Hab vergessen, mich vorzustellen, bin ein Junge namens Antonio genannt Totonno und gehe morgens in die 2b der Grundschule und bin 7einhalb Jahre alt. Ich glaube, Du hast verstanden, wegen was ich dir schreibe (wegen Weihnachtsgeschenke). Neben mir ist meine Schwester, die 5 Jahre alt ist aber schon ganz schön frech wird.

Ihr habt ein großes Herz, und ich will Euch nur eines sagen, ich möchte gern diese folgenden Geschenke gebracht kriegen: Rennwagen mit Fernlenkung, ein Sternkriegefernsehen und das Müllauto und ein Blüschtier.

Für meine Eltern will ich, das sie von der Arbeit daheim bleiben, weil sie wenig daheim sind.

Und für meine Schwester Nunziatina die Kassetten von Madonna, die Eismaschine und Sbrodolina (Puppe die Bläschen aus dem Mund macht). Wenn es zuviele Geschenke sind, könnt Ihr ruhig bei Nunziatina zwei weglassen. Dafür verspreche ich, daß ich zu meinem Hamster Gennaro nicht zu böse bin.

Und wenn Ihr es gar nicht schafft, könnt Ihr ja die Befana bitten, sie mir zu bringen. Für mich ist es egal, ob Ihr oder sie. Nur daß sie nur Mandarinen bringt, was kein Geschenk ist, sondern Beschiß. Meine Wohnung kennt Ihr ja, es ist die wo im Erdgeschoß die Erde ohne Kacheln oder Zement ist und es nach Kanal stinkt.

Ich bin sehr froh, daß ich an eine Persönlichkeit wie Euch geschrieben habe.

Viele Glükswünsche von Totonno.

Antonio – Marcianise (Neapel)

Lebende Krippe

Lieber Jesus,

ich möchte so gern Stürmer vom Milan werden, aber die einzige Sache, die ich wirklich wünsche, ist daß meine Eltern nie mehr streiten, daß Papa aufhört, meiner Mama zu sagen, ichdrehdirdenhalsum und auch ich es nicht mit meiner Schwester mache. Du hast es gut mit Maria und Josef, die wo nie streiten und immer einig sind, ich möchte gern an deiner Stelle sein!

Ich will dir dafür danken, daß du die Welt erlöst hast, und an Heiligabend gehe ich in die Kirche, um dich in der lebenden Krippe zu sehen: Kinder spielen die Neger, andere die Chinesen und es gibt Weihnachtsmänner, die sehr schöne Lieder singen.

Weißt du, daß ich dich dies Jahr probieren kann, weil ich Erstkommunion habe?

Alberto – Busto Arsizio (Varese)

Die Zeit drängt

Liebes Christkind, es tut mir leid, daß Du arm geboren bist, ich danke Dir, daß Du für mich gestorben bist, aber es tut mir auch leid, daß Du mich so arm wie Dich hast auf die Welt kommen lassen. Ich protestiere, weil Gott die zehn Gebote gegeben hat, und wir sie nicht beachten. Ich protestiere sehr, daß es keine Kinderraube mehr geben soll; und keine Schießereien, noch Drogen noch Umweltvergiftung. Ich verlange, daß keine kalten Kriege mehr sein sollen.

Lieber Jesus, Du weißt es nicht, aber in der heutigen Welt gibt es so viele Probleme, aber besonders in den letzten Jahren ist es immer schlimmer geworden. Es gibt Wirtschaftskrisen, Preissteigerungen, Jungen mit Drogen und Aids und Geldsäcke; es gibt Menschen mit kaltem Herzen. Für uns Kinder haben sich die Gefahren des Lebens verdoppelt und wir müssen auf alles aufpassen, auch wie wir einen Fuß auf die Erde setzen und auf den blauen Streifen von Aids. Du weißt es nicht, mein Jesus, aber das Fernsehen sagt, daß wenn Du einem begegnest mit einem hellblauen Licht um sich herum, daß der dich ansteckt und dann bist du erledigt, weil das heißt, daß er dir Aids angehängt hat.

Ein anderes sehr großes Problem ist die Mafia, die eine sehr schlimme Sache als Gesetz hat, nämlich ich töte einen Verwandten von dir und du tötest meinen, dann haben wir keine Verwandten mehr und wir töten uns gegenseitig.

Noch andere Probleme belasten meinen Staat und mein Leben: die Regen, die Schneefälle und andere Unwetter, die die Häuser und vor allem die Menschenleben zerstören. Nach all dem, was ich Dir erzählt habe, verstehe ich, daß nicht viel Geldmittel da sind, aber wenn Du mir trotzdem ein kleines Geschenk machst, wäre ich sehr froh.

Bald ist Weihnachten, und ich hoffe, daß das Leben wenigstens in diesen Tagen nicht mehr eine so wilde Hetze ist, weil Onkel und Tante mit meinen zwei kleinen Vettern von Genua herunter kommen sollen und mein Onkel Mario, wenn er zu mir nach Hause kommt, immer sagt: »Wir können nur kurz bleiben, die Zeit drängt.«

Auch das neue Jahr bringt mir hoffentlich Glück, aber nicht nur mir, auch meiner Tante, die oben in Deutschland ist, weil die »Ärmste« hier kein passendes Theater findet, um ihre Karriere als Ballerina zu machen. Lieber als ein materielles Geschenk ist mir ein Geschenk, was mir das Herz reinigt, damit ich bereit bin, wenn Du kommst, auch wenn ein kleines Geschenk nie schaden kann.

Jesus, Du hast uns so viele Dinge gegeben, daß wir nicht wissen, wie wir Dir danken sollen, wir tun unser Bestes. Ciao.

Davide – Pietrasanta (Lucca)

Einen Freund für Mama

Lieber Weihnachtsmann (und auch Befana, ich hoffe, alle beide),

es ist jetzt schon sieben Monate, daß Papa und Mama zwei geschiedene Wohnungen haben, die von Papa ohne Bilder und nur harte Stühle. Bitte bring ihm von mir ein bequemeres Sofa und ein Bett für mich für wenn ich dort schlafe. Ich möchte gern eine Puppe, bei der man sich wirklich wie eine Mama fühlt: sie heißt Birimba mit rotem Po und auch Beby nurse, die Puppe, der man das Hemd anzieht, wo drinsteht, ob sie Mann oder Frau ist, und wenn möglich, die mit dem gelben Kleid und mit den blonden Haaren. Bloß nicht die Zwillinge, die haben kurzgeschorene Haare!

Ich möchte auch, daß Du Mama einen Freund bringst oder daß du die von Papa wegschickst. Meinem Bruder den Bogen und die Pfeile wo im Schaufenster mit den Sportartikeln ist. Oma Elvira die neuen Beruigungsmittel, weil es eine ewige

Tragödie ist. Papa sagt, daß Du auch zu ihm gehst mit anderen Geschenken, aber daß ihr zwei verschiedene Firmen seid, glaube ich nicht.

Bei ihm gibt es einen Kamin, paß auf, wenn er brennt, und außerdem ist er zu klein. Mama sagt, was für ein scheußliches Weihnachten! und Oma sagt, das kann dir doch egal sein, und so machen sie erstmal Fleischbrühe und Kapaun. Ich kann Ravioli mit dem Apparat machen, aber die Füllung kommt raus. Könntest du Mama den Zauberstab bringen, der alles kann, dann zaubert sie und lacht? Für die andern Geschenke lasse ich dir die Liste da, alles Gute von deiner Elvira (der kleinen, acht Jahre, nicht Oma Elvira). Punkt.

P. S. Für alle Fälle gebe ich dir beide Adressen.

Elvira – Pescara

Santa Lucia als Schildkröte

Liebste Santa Lucia,

ich habe schreckliche Sachen über dich gehört: die Augen, die sie dir mit Eisenstangen rausgebohrt haben und Foltern vom Typ Kopfabschlagen. Ja, warum wehrst du dich denn nicht? Sieh doch mal, die Nigia-Schildkröten, wie die sich rächen! Da machst Du zack! und zack! und zack! und drauf auf den Hals, zack!! Santa Lucia, wenn du willst, verteidige ich dich und lerne dir Kungfu kämpfen wie Sasuche. Und dein Esel? Gehts ihm besser? Aber warum streitest du auch mit den alten Römern? Woher nimmst du dann noch die Zeit zum Geschenke kaufen? Hast du einen Blindenhund oder Radar?

Ich habe gehört, daß die Fledermäuse das gleiche Problem haben wie du und durch die Höhlen kreischen zum orientieren, aber ich glaube nicht, daß sie Sachen in den Geschäften kaufen, erstens einmal, wegen dem Geld, das sie nicht haben, und zweitens, weil sie fliegende Mäuse sind und nur Sachen zum Essen kaufen würden: Insekten, Leguane, getrocknete Fischchen, das dritte weiß ich nicht mehr.

Ja kannst du denn fliegen? Bist du auch eine Fledermaus wie die Vampire? Folgendes kannst du mir bringen, wenn du überhaupt sehen kannst, wo du hintrittst: Tempera, Pinsel für Tempera, Papier zum Bilder mit Tempera machen, Hämmer und Sägen, alles für den Garten mit Blumenzwiebel und Samen zum in die Töpfe rein pflanzen mit dem Torf und den Mäusekäfig mit zwei männlichen Mäuschen und seiner Frau, die dressierte Mäuschen machen, aber nicht die normalen, sonst schreit Mama. Ich erwarte Dich hier.

Andrea – San Giovanni in Fiore (Cosenza)

Polizeispielzeug

Lieber Weihnachtsmann,

weil ich beschlossen habe, Schuzmann zu werden, bring bitte, was man dazu braucht: Pistolen und Handschellen, Polizeikappe, Sirene und Verhörsprotokole. Das ist der Beruf, wo mir gefällt, weil du da die Raube aus der Nähe siehst, du fängst die Verbrecher und schlägst sie solange, bis sie jeden Raub gestehen und die Schüsse auf die Alten, wo Rente kriegen. Da triumviert die Justiz und wir bringen sie aufs Polizeipräsidum, um sie mit Prügel vollzuhauen. Wenn wir fertig sind mit dem Schlagen, gibt der Richter ihnen den elektrischen Stuhl, und es ist aus mit ihnen.

So hört das Verbrechertum auf und wir lassen es aufhören. Mein Vater ist gezwungen, das Zeug zu verkaufen, aber er ist kein Verbrecher, er sagt nur, daß wir sonst an Hunger grepieren. Er ist Straßenkehrer bei der Stadt, aber dafür kriegt man nur ein paar zerquetschte. Und außerdem kann er auch nicht hin, zum Straßenkehren, weil es weit ist und er früh aufstehen muß, deshalb ist er immer krank, aber er tut nur so. Wir kommen gut durch, aber ich habe kein Polizeispielzeug. Ich will auch das Notarzauto vom roten Kreuz, gut, wenn du es mit der Sirene bringst, aber du mußt auch ein Maschinengewehr für die Verbrecher drauftun, dann rase ich und schieße ich und fröhliche Weihnachten.

Von Gennaro Giovanni

Giovanni – Nocera Inferiore (Salerno)

Herzliche Glückwünsche

Lieber Weihnachtsmann,

ich bin ein Junge von zehn Jahren und sehr arm. Ich finde jedesmal unter dem Weihnachtsbaum, der jetzt schon ganz schief und alt ist, bloß einen Zettel, wo drauf steht: »Die herzlichsten Glückwünsche«. Darüber freue ich mich, und ich glaube, daß das wirklich die herzlichsten Glückwünsche sind.

Wenn wir wieder in die Schule gehen, sagen meine Kameraden froh und lustig zueinander, was hat denn dir der Weihnachtsmann gebracht? Ich antworte »die herzlichsten Glückwünsche«. Da lachen sie gleich und quatschen rum, daß ich arm bin. Mir macht das nichts, weil ich bin reif und verstehe, daß Weihnachten das Fest der Geburt des Messias und des Schöpfers ist, und sie gesagt haben, daß der Mensch nicht nach den Autos und den großen Geschenken behandelt werden darf, sondern nach dem, was sie drin im Herzen glauben.

Also lieber Weihnachtsmann, ich sage dir im Vertrauen, daß ich wirklich an dich glaube, und auch wegen dem lachen sie mich aus, auch wenn du mir kein Geschenk machst, glaube ich, daß du zu meinen Eltern gesagt hast, sie sollen herzlichste Glückwünsche schreiben.

Aber nur dieses Jahr hätte ich gern, daß du mir zu Weihnachten ein richtiges Geschenk machst; aber nicht ein kleines Billiard, Schlittschuhe, Autos mit Fernlenkung usw., sondern nur einfach ein Paar Schuhe, oder wenigstens solche, die mich nicht mehr in die Fersen rein schneiden wie die, die mir meine Vettern schenken, weil ihre Füße gewachsen sind und sie nicht mehr wissen, was sie damit anfangen sollen. Ich hätte gern ein Paar Turnschuhe, dann könnte ich auch mit meinen Freunden Fußball spielen, ich möchte Größe 40 und nicht 38, wie sie mir meine Verwandten immer schenken. Ich hoffe wirklich von Herzen, daß dies Jahr außer den herzlichsten Glückwünschen auch die Schuhe da sind.

Danke und die herzlichsten Glückwünsche.

Fabio – Fossombrone (Pesaro)

Das mit den Nägeln tut mir leid

Liebes Christkind, ich liebe Dich sehr. Viele Leute auf der Welt befolgen Deine christliche Religion. Ich wollte Dich fragen, wie man im Himmel lebt. Ich meine, daß dort ein sehr fröhliches Leben sein wird, auf der Welt ist es ein schwieriges Leben, und es gibt viele Verbrecher. Wie Du geboren bist, war die Welt sehr ruhig, sagen alle Leute.

Liebes Christkind, ich möchte, daß die Welt wieder so ruhig wird wie früher. Aber jetzt möchte ich über Dein Leben sprechen. Ich glaube, daß Pontius Pilatus sehr grausam Dir gegenüber gewesen ist. Das Leben war für Dich ein bißchen schwierig, Jesus. Du hast Wunder getan, und allen war das wurscht, nur die Mama vom Lazarus war froh. Wie Du dann groß geworden bist, hast Du sehr unter den Nägeln in den Händen und den Füßen gelitten. Das mit den Nägeln tut mir sehr leid. Du hättest nicht sagen sollen, daß Du der Sohn Gottes bist, da haben sie gedacht, Du kommst durch Beziehungen.

Ich bete jeden Abend den Rosenkranz mit meiner Oma, meiner Mama und meiner Schwester. Liebes Christkind, das Du in einer Krippe geboren bist mit Maria und Josef neben Dir und diesen Tieren Ochs und Eselchen, ich bitte, daß keiner sterben soll, auch ich nicht, deshalb laß uns nicht mehr leiden und befreie uns von den Kriegen.

Dein Fan Salvatore

Salvatore – Ascoli Piceno

Ich weinte und weinte

Lieber Weihnachtsmann,

ich weiß, daß anderswo wie in Neapel die Lehrerinnen die Kinder nicht schlagen, aber warum sind wir dann alle in Neapel geboren? Da wo wir sind, in Secondigliano 167, nehmen viele Drogen und beschießen sich abends, um sich einen Streich zu machen und meinem Bruder Marco ham sie neben das Bein geschossen, er sagt, daß es aus Versehen war und sie ihn mit einem andern verwechselt ham.

Papa kommt seit vielen Monaten nicht mehr, wie sie ihn geschnappt ham, weinte und weinte ich und er sagte, was soll man machen, sei still, ich komm bald wieder. Auch Giuseppe ham sie geschnappt, aber am Sonntag ham sie ihn wieder freigelassen, weil er noch zu klein ist. Und in der Schule schlägt unsere Lehrerin uns und sagt Wörter damit wir weinen und schickt uns hinaus, und wenn sie uns wieder in die Klasse reinläßt, sagt sie wieder die Wörter.

Und so weint man und macht eine Weile weiter und deshalb bitte ich dich, bring mir sechs oder sieben Barbi, Schminke für die Mädchen, und die Fernbedienung zum spielen, wenn mich mein Bruder nicht sieht, sonst brügelt er mich. Du weißt ja, daß ich Maria Rosaria heiße und ein bißchen traurig und ein bißchen lustig bin und dich furchtbar mag.

Maria Rosaria – Secondigliano (Neapel)

Eine anständige Person

Liebster Sankt Nikolaus,

Meine beste Eigenschaft ist, Papa zu helfen, daß er das Auto richtig in die Garage rein tut. Ich habe ein paar Fehler: ich bin kein Genie, tu immer so, wie wenn ich nicht höre und haue die Weiber, aber manchmal auch nicht. Ich heiße Corrado, Klasse zwei C a, halbtags. Papa ist Rechtsanwalt und Buchhalter bei der Feuerwehr. Seit wie die Schule angefangen hat, schwatze ich zuviel, und manchmal wollte ich am liebsten, daß man die Lehrerinnen nie erfunden hätte. Bring meiner, die Rita heißt, eine Menge Geduld für wenn sie sich aufregt: dann weigert sie sich, das Klassenzimmer zu verlassen und ist fähig, sich dort manchmal stundenlang einzuschließen!

Wie ich mich betrage. Ich räume nie mein Zimmer auf, vergesse, im Klo Wasser zu ziehen und kaum sind meine Eltern weg, setze ich mich vor die Videospiele und bleibe dort kleben. Mama hat mir gesagt, daß Du eine anständige Person bist, deshalb fühle ich mich verpflichtet, Dich um eine schöne Uhr mit Ziffern und Musik zu bitten. Mama will sie mir nicht kaufen, weil sie sagt, daß ich nichts damit anfange.

Ich hoffe, brav und ganz fleißig zu werden. Ciao.

Corrado – Opicina (Triest)

Die drei Musketiere

Liebes Christkind,

Wie machst Du das, daß Du an Weihnachten immer klein bist und dann an Ostern gleich fertig? Und ziehst Du dich am Karneval als drei Musketiere an oder als Batman? Du kennst ja unsere Traggödie, daß Papa nicht mehr da ist. Mama sagt, daß das kein Weihnachten mehr ist, aber wir Kinder meinen, daß auch wir zwei oder drei wenige Geschenke kriegen können, auch wenn es eine Traggödie ist. Die Großeltern telefonieren und sagen, daß Du die Geschenke zu ihnen bringst, aber ich und Graziano wollen, daß Du sie auch hierher bringst, wie damals, als Papa da war und uns geholfen hat, Lego und die Polistil-Rennbahn aufzubauen. Es ist wirklich eine Traggödie!

Wir wollen auch Mama ein schönes Weihnachten machen, die auf dem Bett rumliegt und immer im Fernsehen den Verkauf von Teppichen und Sachen anguckt, die sie nie kauft. Also dann Christkind, wo Du doch wie wir bist und die Madonna-Mama hast, bring unserer Mama Gaben, die immer auf dem Bett liegt und Fernsehen anguckt, aber nicht einmal die Filme sieht, sondern nur den Verkauf durchs Fernsehen, und bring ihr die rostfreie Küche, die silbernen Vasen und die persischen Teppiche. Vielleicht macht sie dann auf und sagt oooh!!!, was für schöne Teppiche. Uns kannst Du auch nichts bringen, Hauptsache der Mama. Jesulein, wir sind in Deinen Händen, aber stimmt das, daß sie sie Dir mit den Nägeln durchbohren? Deine Martina und von meinem kleinen Bruder Graziano, der noch nicht schreiben kann, aber mir die Sachen sagt. Wir hoffen auf Dich. Ciao.

Martina – Manduria (Tarent)

Ich habe kapiert, daß es Dich gibt

Lieber Weihnachtsmann, ich heiße Rosaria, bin neun Jahre alt und gehe in die fünfte Grundschulklasse, ich habe kurzgeschnittene braune Haare und braune Augen, ich bin sehr dicklich wie Du und habe weiße und rote Wangen. Wenn meine Mama mir die Brötchen gibt, tue ich immer ein bißchen mehr Salami drauf. Aber im Sommer versuche ich, dünner zu werden, sonst ist es mir zu heiß. Ich bin fast die größte und die dickste von meinen Freundinnen. In der Schule nennen sie mich der Kloß. Ich bin hübsch und lustig.

Jetzt zu Deinen Problemen. Lieber Weihnachtsmann, was hältst Du davon, daß Dich so viele nachmachen? Natürlich meine ich, daß Dir die Leute nicht gefallen, die nicht an den Weihnachtsmann glauben, aber ich glaube an Dich und werde immer an Dich glauben, weil mir eine ein bißchen komische Sache passiert ist. Letztes Jahr an Weihnachten bin ich ein bißchen spät ins Bett gegangen, weil ich einen kleinen Happen wegen der langen Reise vorbereitet hatte, die Du gemacht hast. Aber dann bist Du nicht gekommen, da habe ich ihn selber gegessen. Als mein Vater nach Hause kam, schickte er mich ins Bett. Wie ich die Treppe genau halb oben war, hörte ich einen Schlag: ich ging hinunter und sah, wie mein Vater die Tür aufgemacht, die Geschenke genommen und die Geschenke unter den Öko Weihnachtsbaum gelegt hatte.

Von da an habe ich wirklich an Dich geglaubt. Weil mein Vater ist ein solcher kniggicher Geizkragen, daß er nie auch nur einen Pfennig für Geschenke ausgibt. Und in dem Jahr hat es viele Geschenke gegeben, und da habe ich kapiert, Weihnachtsmann, daß es Dich gibt.

Rosaria – Battipaglia (Salerno)

Das doppelte Loch

Meine allerliebste Santa Lucia,

ich weiß, daß du ohne Augen gestorben bist, weil sie sie dir herausgenommen haben, aber wie ist es dann weitergegangen? siehst du immer noch nichts? Wie kannst du dann zu uns kommen, wenn du nichts siehst? Mein Vater arbeitet in der Polizei, und wenn ein Notruf ist, gibt er mir viele Küsse und haut schnell ab, weil er die Leute retten gehen muß. Ich halte mich für glücklich, auch wenn ich manchmal eine Ohrfeige von meiner Schwester kriege.

Ich hätte gern, daß du meiner Mutter ein Briefchen mit dem hier schickst: »Laßt ein doppeltes Loch in Elisabettas Ohr machen.« Du darfst mich nicht im Stich lassen, weil ich zu meiner Mama gesagt habe, daß ich dir schreiben würde.

Vergiß nicht die behinderten Kinder und die Personen, wo als Zwerge geboren sind: mach sie wieder gesund, wenn du kannst.

Wenn du kommst, geh durch die Tür, weil wenn du durch den Kamin kommst, landest du im Ofen.

Dein getreues Kind Elisabetta.

Elisabetta – Sorrent (Neapel)

Oder was anderes

Liebe Befana;

ich hätte gern eine Puppe, die lacht; wenn Du die nicht hast, eine Puppe, die weint. Für meine Mama bring Pralinen und einen Panettone. Oder was anderes. Für den Opa Bonbons. Oder was anderes. Für die Oma Wollstrümpfe. Oder was anderes. Für den Lehrer Giovanni ein Montanbaiki, dann wird er dünner. Oder was anderes.

Und keinen Käse, den mag ich nicht.

Susanna

P. S. Meine Tante Patrizia glaubt nicht an Dich und ist schuld, daß ich den ganzen Brief falsch gemacht habe, bring ihr doch einen Sack Kohle!

Susanna – Tivoli (Rom)

Film und Haue

Lieber Weihnachtsmann,

wir lümmeln abends immer alle zusammen auf dem großen Bett rum, auch der Opa Ciro, und sehen Filme von Krieg und Schießereien an. Meine Mama sagt, haut ab, aber dann schläft sie. Wir machen gern dummes Zeug bis zum Schluß vom Film, und dann gibt es Haue, weil mein Vatter sich schabt, daß wir alle auf seinem Leintuch rumliegen. Dann geht der eine hierhin und der andere dorthin oder er geht hinaus und sagt, jetzt rauche ich eine Zickarette.

Der Mist ist dann morgens, daß ich nicht aufstehen kann, weil ich noch Schlaf in den Augen habe. So bitte ich dich also um ein schönes Geschenk: Sheico-Uhr mit Wecker, der dann läutet, damit man pünktlich ist, sonst gibts Haue von der Lehrerin. Meine Lehrerin ist vom Napoli, und wenn der nicht gewinnt, spinnt sie, und auch wir sind alle ganz komisch, wenn er verliert. Dann regnet es, und man bräuchte einen neuen Schirm, weil der hier immer geklaut wird.

Wir sind nicht arm, aber was mir fehlt, ist eine schöne Goldmedalje mit Goldkette wie die von meinem Bruder, der sie mir nicht gibt, sonst gibts Haue. Bringst Du mir schön viel Goldsachen, dann können wir mit den Weibern aus unserem Viertel zum Eisessen? Sie sind immer schön und lachen und lachen mich aus, bitte laß sie damit aufhören, daß mich nicht mehr alle auslachen.

Vito – Neapel

Ich kenne Sie nicht persönlich

Sehr geehrter Herr Weihnachtsmann,

ich hoffe, daß Sie sich über meine Noten, die ich in der Schule bekommen habe, gefreut haben. Ich bitte Sie um Ihre Meinung. Da gibt es Leute, die sagen, daß Signora Befana Ihre Frau ist, bitte betrachten Sie das nicht als eine Beleidigung, weil es das bestimmt nicht ist, im Gegenteil, es ist ein Kompliment!

Ich kenne Sie nicht persönlich, aber ich sehe Sie in allen Werbungen im Fernsehen, ich weiß, daß alle Weihnachtsmänner, die herumlaufen nicht die echten sind, weil der echte sich den Kindern nicht zeigt.

Ich hätte so gern einen Hund, weil ich keine Freunde habe und immer allein zu Hause bin, die einzigen Freunde, die ich habe, sind die Kasperle-Puppen. Aber es muß ein kleiner Hund sein, weil wenn er groß ist erlauben ihn mir meine Eltern nicht.

Es umarmt Sie ein Junge von achteinhalb Jahren mit dem Ausdruck seiner besten Wünsche.

Tommaso – Macerata

Schuhe und Spielwaren

Liebe Befana,

ich heiße Isotta und habe eine ältere und eine jüngere Schwester. Ich und meine Familie sind ziemlich arm, weil sowohl meine Mutter als auch mein Vater geschieden sind.

Ich muß dich um viele Dinge bitten:

1) Crak und Hotel, zwei lustige Spiele mit Spielgeld.

2) 6 Montanbaix, 5 große und 1 kleines.

3) Das Haus von Barbie, die Villa von Barbie, 2 Barbie und die Schuhe von Barbie, 5 rote, 5 gelbe, 5 weiße, 5 weiße und gelbe Stiefel von Barbie, alle Schuhe mit hohem Absatz.

4) 2 Ballerinakleider mit Ballerinaschuhen, ein Prinzessinnenkleid, auch mit Schuhen, 2 Feenkleider, auch mit Schuhen, 2 Bäuerinnenkleider, auch mit Schuhen.

5) 3 Invicta-Taschen aus Stoff zum Waschen in der Waschmaschine.

6) 6 Abendkleider für meine Schwestern. Ich bin 9 Jahre alt, und die kleinere ist 6 Jahre und die größere 15 Jahre alt.

7) Einen kleinen Farbfernseher mit Antenne fürs Schlafzimmer und ein Radio sowohl zum Hören wie zum Aufnehmen.

8) Einen Pelz, vier wasserdichte Sportjacken, 5 Regenmäntel, 5 wasserdichte Schuhe, und die Schuhgrößen sind: 33, 35, 39, 39.

9) 4 Röcke und vier langärmelige Blusen, 4 lange glänzige Strümpfe und kurze aus Baumwolle.

Lebwohl, weil das Blatt voll ist...

P. S.: Eine Puppe, die wie echt aussieht.

Viele Küsse Isotta, Cristiana, Verena, Mama und Lucrezia.

P. S.: Eine Krawatte und eine Fliege für einen erwachsenen Mann, 2 Paar Schuhe Größe 35 und 36.

Ich habe Dich sehr gern Isotta.

Isotta – Perugia

Verschwitzte Hände

Liebe Santa Lucia, ich verspreche dir, daß ich lieb und brav sein werde, aber jetzt bin ich schon groß und weiß, daß es dich nicht gibt; es war schön, wie du gekommen bist, weil du die Geschenke für mich versteckt hast, und ich habe einen Schreck gekriegt, habe gelacht, meine Hände waren verschwitzt, ich habe das Geräusch von knisterndem Papier und Schritte gehört. Liebe Heilige, ich erinnere mich noch an die heiligen Lucias von früher: nachts ging ich ins Bett, ich konnte nicht schlafen, hatte Angst, schwitzte und schwitzte, guckte mir die Heftchen an und erst nach ziemlich langem konnte ich einschlafen.

Ich bin ganz tief ins Bett reingerutscht, schwitzte und schwitzte, ein Duft von Bombons kitzelte mir in der Nase, Autos die zur Arbeit fuhren oder zurück kamen, Leute, die in die Geschäfte gingen, schnell liefen und der Weihnachtsduft der einen antreibt. Keiner vergaß die Gaben.

Ich dachte: wenn Santa Lucia mir die Spielsachen bringen würde, die ich mir gewünscht habe ... Aber du hast mir nie das gebracht, was ich mir gewünscht habe, immer andere Sachen, und ich mußte damit zufriedensein.

Liebe Santa Lucia, bring auch den armen Kindern was, die nichts haben wie die Neger. Wenn ich die Neger in der Stadt an den Ampeln stehen sehe, wie sie die Scheiben der Autos putzen, tun sie mir leid, weil die Leute oft unfreundlich sind und sagen, daß ihre Scheiben sauber sind. Könntest du den Negern viele schmutzige Scheiben bringen?

Guendalina – Rom

Papas Fahrrad

Liba Wanachtsman,

de Lehrerin hat gesag, das ich dir en Brif schreibe, weiß nicht warum. hab dich nie gesen. Onkl Pippi und die Cenzina sagen das deine Hoheit leztes jar in ihr Haus gegangen bist. Mein Haus ist in Vico Cramazoli. Wenn du komms, weiß du, was du mir bringen solls? Zwo Schraube, für Papas Fahrad zum richten, weil er es mir nechstes jar gib. Un auch ein bischen rote Farbe, dann straich ichs drauf. Aber schmir mich nich an. Mir gets gut und hofe dir auch. Carluccio.

Carlo – Monteroni (Lecce)

Verpfuschtes Leben

Herrn Weihnachtsmann
Sternenweg
Einsamer Planet
MILCHSTRASSE

Lieber Weihnachtsmann, ich heiße Maria und bin von meinem Vater verlassen worden, der jetzt in Mailand wohnt und mit einer anderen Dame zusammenlebt. Ich lebe bei meiner Mama, bin zehneinhalb Jahre alt, gehe in die 5. Klasse; ich habe keine Wohnung, deshalb wohne ich bei meiner Schwester, die aber nicht meine richtige Schwester ist, sondern von einem anderen Mann geboren, der dann meine Mutter verlassen hat, und auch sie (meine Schwester) ist verlassen worden. Jetzt ist sie 21, hat ein kleines Mädchen und einen Mann, der sehr nett ist zu ihr und auch zu mir und zu meiner Mutter. Wir beten immer, daß er uns nicht verlassen soll.

Lieber Weihnachtsmann, ich weiß, daß Du

nicht allen antworten kannst, aber wenn Du diesen Brief liest, verstehst Du vielleicht, was ich für ein verpfuschtes Leben habe. Ich weiß, lieber Weihnachtsmann, daß Du sehr viel arbeitest und Dich sehr abmühst, ich glaube an Dich …

Lieber Weihnachtsmann, ich habe einen etwas großzügigen Charakter. Gestern war nämlich mein Geburtstag, da habe ich allen Gebäck angeboten, auch denen von der anderen Klasse … Fröhliche Weihnachten.

Maria – Abbiategrasso (Mailand)

Eine Hexerei

Liebe Befana,

ich heiße Fatima, bin acht Jahre alt und nicht sicher, ob ich an dich glauben soll oder nicht. Ich habe es satt, daß in der Schule bestimmte Mitschüler immer sagen, es gibt dich nicht. Mir brummt davon schon der Kopf: »es gibt die Befana, es gibt sie nicht, es gibt sie...« Und wie ich dann meine Mama gefragt habe, hat sie so gelächelt.

Jetzt erzähle ich dir, wie ich bin. Ich bin intelligent, rundlich und habe einen guten Appetit, weil ich gern esse, kleine Kartoffelnase, blonde aber lange Haare. Ich und meine Familie haben ein ernstes Problem, ich bin schuld, daß wir dauernd streiten wegen den Fingernägeln: ich kämpfe dagegen an, aber es ist stärker als ich und am Ende kaue ich sie ab. Dann bin ich ganz verzweifelt und möchte es rückgängig machen: wenn du mir helfen könntest, sie nicht mehr zu kauen!

Sicher, dazu braucht man eine Hexerei. Ich

schlage dir vor: ich kaue sie weiter ab, aber wenn Mama oder Papa sie dann ansehen, machst du, daß sie lang aussehen: da würde ich vor Freude platzen und so könnte ich auch leben, ohne darauf verzichten zu müssen. Ich habe sehr viel Kummer in meinem kleinen Herzen. Fatima.

P. S.: Wenn es dich gibt, schick mir einen Beweis.

Fatima – Padua

Pech

An den Weihnachtsmann
Südpol
oder Nordpol?

Lieber Weihnachtsmann,

Wie geht es Dir? Hoffentlich gut, sonst haben wir die Bescherung!!!

Ich und meine Familie haben so viel Unglück, daß wir es nicht einmal schaffen, eine Lotterie oder so was zu gewinnen. Ich verstehe wirklich nicht, warum gerade wir so großes Pech haben!

Ich hätte gern, daß auf der ganzen Welt Frieden mit allen wäre und es nicht wie in Amerika wäre, wo die großen Reichen die Armen als Sklaven halten und sie dann schuften lassen, ohne sie zu bezahlen. Meiner Meinung nach finde ich das nicht gerecht und ich möchte gern, daß diese Armen mit einem gerechten Betrag bezahlt werden.

Ich hätte gern, daß die Spielsachen an die armen

Kinder gingen, die nicht einmal was zum Essen und zum Trinken haben, das weiß ich, weil es mir meine Mutter immer sagt, wenn ich nicht esse.

Ich bin acht Jahre alt und gehe in die Grundschule. In meiner Klasse sind wir zweiunddreißig Freunde. Wir akzeptieren alle Kinder, die in unsere kleine Klasse kommen. Wir haben auch wirklich ein Mädchen, das aus Marokko kommt, ein anderes kommt aus Jugoslawien, zwei andere Kinder kommen aus Modena und ein anderes kommt aus Rom. Kurz, wir sind gegen den Rassismus.

Und jetzt erzähle ich Dir einen Witz:

Weißt Du, was ein Weihnachtsmann auf einem Fußballplatz macht?

Donadoni!*

Gefällt er Dir?

Würde es Dir gefallen, für mich das Problem mit dem Pech zu lösen? Denk daran: ich warte auf Nachricht! In der Weihnachtszeit ist mein Freund der Weihnachtsmann!

Erilde – Treviso

* Fußballer. Sein Name lautet wörtlich übersetzt: GibGaben *(A. d. Ü.)*

Brot und Schinken

Liebes Christkind, ich bin Pasqualino und wie du weißt, habe ich in diesen Tagen viel angestellt. Bitte Jesus, wenn ich mit meinem Bruder herumstreiten muß, soll er doch allein spielen.

Komm du und spiel mit mir, macht nichts, wenn du keine Spielsachen hast, du kannst mit meinen spielen, ich bin dir sehr dankbar, wenn du kommst, weil du bist ein Kind, das genau weiß, was sich gehört; weil du arm bist, gebe ich dir Kleider, weil du schmutzig bist, kannst du dich in meinem Bad waschen, und weil du hungrig bist, gebe ich dir Brot mit ganz viel Schinken zum essen.

Wenn du wieder in den Himmel zurück gehst, dann mache ich mir große Sorgen um dich, aber ich bin damit zufrieden, daß du für eine kurze Weile gekommen bist, und ich bitte dich auch, laß in meinem Dorf keinen Bürgerkrieg kommen.

Pasqualino – Casoria (Neapel)

Sklavenkind

Liebe Santa Lucia,

mein Name ist Aurelio, und ich wohne in Pinerolo, in der Provinz Turin, die im Piemont liegt, das in Italien liegt. Du mußt wissen, daß ich es satt habe, für Mama oder Papa Wein zu holen, für die Tante Brot zu kaufen: ich war müde und mußte meine Hausaufgaben machen. Deshalb sind sie wütend geworden. Das ist nicht gerecht. Aber zur Zeit oder wenn Mama krank ist, tue ich ihr viele Gefallen: ich hole ihr die Sachen, decke den Tisch, lege die Decke auf die Couch, kurz ich bin für sie das reinste Sklavenkind. Ich habe ein Problem in der Schule: ich möchte ganz ernst sein, aber dann mache ich wieder Quatsch. Santa Lucia, ich möchte dir viele Fragen stellen.

Wie machst du das, daß du tausende Geschenke auf einem Wägelchen bringen kannst? Kennst du Jesus? Stimmt es, daß du ohne Augen gestorben bist? Und stimmt das auch, daß dein Esel verletzt ist? Wenn er verletzt ist, wie alle sagen, bereite ich die Binden für ihn vor. Jetzt sei nicht beleidigt wegen dieser Frage: stimmt es, daß du 165 Jahre alt bist?

Liebe Santa Lucia, kannst du mir einen Zettel mit deiner wahren Geschichte bringen? weil hier jeder eine andere Geschichte erzählt. Bring die Gaben den reichen Kindern aber auch den armen und nackten Kindern.

Aurelio – Pinerolo (Turin)

Strich

An den Weihnachtsmann
und dem Christkind und der Befana zur Kenntnisnahme

Weißt Du, daß ich jetzt Meßdiener bin und mich in der Schule so verhalten möchte, daß ich nicht prügele und nicht vor lachen platze. Ich bitte Dich, mich von der Schilddrüse gesund zu machen, weil ich mager bin und meine Kameraden sagen, ich bin nur ein Strich, und von den Nierenkoliken und vom Bruch.

Und was die anderen Wünsche betrifft, bitte heile auch Mama und Papa von ihren Krankheiten, vor allem, daß meinem Vater der Halswirbel nicht mehr wehtut, wenn er nicht arbeitet; und meine Oma, die Zucker hat und immer Spritzen braucht, was mir Sorgen macht. Du wirst sagen, daß wir ja ein schöner Krankenverein sind, aber wir sind sehr sympathisch, außer Don Alfredo, der Pfarrer, der haut immer.

Ah, damit ich's nicht vergesse: antworte mir, dann bin ich ruhiger.

Dein treuer Junge Michele

Michele – Villanova-Strisaili (Nuoro)

Für fünfhundert Lire

Lieber Weihnachtsmann,

ich schreibe dir, um reich zu werden: meine Schwester Giulia ist ins Schlafzimmer gelaufen, um was zu holen und hat zu mir gesagt, daß wenn sie jeden Tag einen Aufsatz schreibt, was weiß ich, einen Brief oder so kleine Gedanken, schenkt Mama ihr fünfhundert Lire.

Als ich diese Geschichte mit den fünfhundert Lire gehört hab, habe ich schnell den Mantel und die Pantoffeln angezogen und bin an den Schreibtisch entwischt und jetzt schreibe ich dir ein Briefchen zur Probe. Ich weiß nicht einmal, ob Mama sich darüber freut, vielleicht nicht, weil sie Giulia lieber hat und für mich nicht einmal einen Tropfen Wasser übrig hat.

Dieser Brief sieht kurz aus, aber er wird mindestens so lang wie der von Giulia. Hoffen wir nur, daß ich ihn nicht zu kurz gemacht habe, sonst wehe mir!

Du hast es gut, daß du der Weihnachtsmann bist und abends noch spät Süßigkeiten kaufen kannst, die ich sehr mag und ins Theater gehen kannst, das ich nicht so mag, weil ich es noch nie in meinem Leben gesehen habe!

Alessandra – Neapel

Ich schreib dir aufm Klo

An den Herrn Weihnachtsmann
Sternenweg

Du liebes Weihnachtsmännchen, du

wenn du nichts dagegen hast, schreibe ich dir aufm Klo, dann gucken sie nicht zu, wie ich schreibe. Sie schreien immer gleich was machst du denn da stundenlang. Meine Mutter und meine Oma reden immer miteinander und sagen zu mir sei still. Sie sagen, ich habe es nur ihnen zu verdanken, daß ich intelligent bin.

Weißt du, daß es schneit und man das Gebirge gar nicht mehr sehen kann? Ich möchte wissen, ob du einen Winterschlaf machst wie die Bären mit deinem lustigen Bauch und deiner tiefen Weihnachtsmannstimme.

Meine kleine Schwester ist noch im Krankenhaus und langweilt sich, sie möchte kleine Spielsachen, weil die großen sind verboten und sie nehmen sie ihr weg. Vielleicht stirbt sie nicht mehr und kann an Ostern wieder in die Schule. Sie hat gesagt, daß sie dir selber schreibt.

Hochachtungsvoll beste Weihnachtswünsche.

Fabio – Bruneck (Bozen)

Jagd auf den Geliebten

Mein lieber Weihnachtsmann, ich bin ein Mädchen was Marika heißt. Ich bin sieben Jahre alt und bin verlibt in einen Jungen namens Marco zehn Jahre alt, der in die fünfte von meiner Schule geht. Er ist der Sohn vom Fahrer des Schulbus.

Er ist sehr schön, groß, schlank, stark, weil er die anderen Buben verhaut und uns Mädchen verteidigt. Wie stark der ist!

Aber er gefällt auch meiner Schulfreundin Carmen. Weil ich versuchen will, daß er in mich verlibt wird, möchte ich zwei Spiele, also »Treffpunkt« und »Im Vertrauen«. Mit diesen Spielchen verabreden wir mit meinen Schulfreundinnen die Treffen mit den schönsten Buben von der Schule. Lieber Weihnachtsmann, ich möchte dich etwas fragen: schickt dich Jesus oder entscheidest du, wem du die Geschenke bringst?

Marika – Selvazzano (Padua)

Papas Kopfnüsse

Mein verehrtester Weihnachtsmann,

mein Papa ist bei der Stadt als Straßenwärter-Totengräber und sehr lieb, aber wenn ich es verdient habe, gibt er mir ein paar Kopfnüsse. Meine Familie besteht aus vier Personen, meine Mutter ist 32 Jahre alt und Hausfrau, auch sie ist lieb wie mein Papa, aber es gibt einen Teil an ihr, der mir weh tut, und das sind ihre Fingernägel. Dann ist da meine Schwester Giovannella, die möchte wenn sie groß ist gern Goldschmied werden, weil ihr die Goldsachen gefallen. Ich dagegen werde Zeitungsmann. Ich wohne neben einer kleinen Glasfabrik und einem Lebensmittelgeschäft. Willst du wissen, wie ich aussehe? Ich bin aus Fleisch und Blut: habe dunkles Haar, braune Augen, ich bin klein und trage eine Brille. Ich habe viele Onkels, Tanten, Vettern und Basen.

Aber jetzt sprechen wir über ernsthafte Dinge. Ich möchte gern einen Schirm, 41 Zentimeter lang wie der von Giovannella, nur bunt. Ach richtig, fast hätte ich vergessen, daß er auch eine Hülle haben muß, genau wie der von Giovannella, nur daß sie von der gleichen Farbe sein muß, wie das Schirmchen ist. Für meinen Papa möchte ich dich um ein neues Auto bitten, weil seines ganz kaputt ist, ich hatte dich auch schon letztes Jahr darum gebeten, aber du hast es nicht gebracht. Das heißt sicher, daß du keines da gehabt hast. Für meine Mutter dagegen einen Ring mit Diamanten. Ich gebe dir den guten Rat, den Sack auf den Schlitten zu tun und ihn nicht auf den Schultern zu tragen, sonst kriegst du Sklorose und wirst bucklig wie mein Onkel. Jacopo

Jacopo – Piacenza

Mein Bruder Pietro

An den Weihnachtsmann
Schlittenstraße
Den Weg runter

Lieber Weihnachtsmann,

kannst du als persönliches Geschenk mein Brüderchen Pietro wieder dahin zurückbringen, wo es hergekommen ist und auch seinen Kaggegestank, so läßt er mich infrieden und wir sind wieder normal wie früher und auch an Weihnachten ohne Störung?

Ich bin wie du wohl gemerkt hast, das böseste Mädchen von der Welt, aber ich bitte dich, laß mich nie allein. Mama sagt, daß du nicht mehr kommst. Bitte, bring mir wenigstens das Spiel mit den Keksen und dem Backofen und die Bebbella-Puppe. Mein einziger Freund ist Ron, wo nicht krazt und eine gute Katze ist, aber die schon gebratenen Fleischklöschen stihlt.

Ich gehe in die 2 d, und meine Lehrerin heißt Signorina Adele und ist ein bischen lieb und ein bischen böse und läßt mich in die Ecke stellen und oft und macht mir Angst.

Mein Brüderchen heißt Pietro, er ist blond und je mehr er Kagge macht und lacht, je mehr sagen ale, wie süß er ist. Aber warum sagen dann ale, weil ich Pipi (ins große Bett) gemacht habe schäm dich in deinem Alter? Und er stinkt imer und darf ales machen was er will.

Seit Pietro da ist, ist ales anders und Oma denkt imer nur an ihn und ich wil meine Hausaufgaben nicht mehr machen.

Vielen Dank, wenn du es machen kannst und wenn nicht, kann man auch nichts machen.

Costanza – Roviano (Rom)

Kein Aufzug

Lieber Weihnachtsmann,

bitte bring uns zu Weihnachten einen Auftzug. In dem Loch von dem Auftzug ist jetzt gar nichts, nur das Loch. In dem Loch da hat ein Kind den Auftzug genommen, der nicht da war, und weißt du was mit ihm passiert ist? Es ist gestorben! Sein Vater hatte ihm gesagt nehmen wir den Auftzug und hat die Tür aufgemacht. Und der hat einen Schritt gemacht und abwärts. Deshalb könnten wir einen Auftzug gut brauchen, damit die Mütter die Einkäufe und Pakete hinaufbringen und wir alle rauf und runter können wie in den schönen Häusern wo sie nicht hineinpissen wie hier. Lieber Weihnachtsmann, könntest du es uns nicht besser einrichten und ein gutes Wort für uns einlegen? Das ist das Geschenk. Deine Maria.

Maria – San Giorgio a Cremano (Neapel)

Verlorene Illusionen

Lieber Weihnachtsmann,

tut mir sehr leid, aber so ist es eben! Ich glaube nicht an Dich, weil Du nicht vom Himmel gekommen sein kannst und weil Du nicht reich sein kannst. Letztes Jahr hatte ich mich unter dem Sessel versteckt und habe Mama und Papa gesehen, wie sie die Päckchen unter den Baum getan haben. Und da habe ich gesagt:

»Wohin geht ihr?«

Und sie haben geantwortet: »Schlafen.«

»Und die Geschenke?« erwiderte ich.

»Die haben wir vor der Haustür gefunden«, sagten sie.

Aber ich habe geantwortet: »Und warum seid ihr überhaupt vor die Haustür gegangen, um sie zu holen?«

»Weil wir gehört haben, wie es geklingelt hat.«

Und ich: »Aber ich habe doch gar nichts gehört, obwohl ich näher war als ihr!!!«

Und Papa: »Vielleicht hast du es nicht gehört, und überhaupt, was machst du da unter dem Sofa?«

Ja und deshalb glaube ich nicht, daß es den Weihnachtsmann gibt, sondern daß unsere lieben und guten Eltern die Geschenke kaufen. Aber ich will Dich noch weiter sehr gern haben. Ob es Dich gibt oder nicht ist unser Geheimnis. Ich wünsche Dir viele Wünsche.

Dino

Dino – San Gregorio (Catania)

Hammer und Kalk

Lieber Weihnachtsmann, ich will

10 Ziegelsteine
2 Schraubenzieher
68 Nägel
1 Kelle
1 Hammer
ein bißchen Kalk
103 Schrauben, teils große, teils kleine
einen Papierhut für Maurer
35 Schlösser
den Schubkarren

Salvatore – Lagonegro (Potenza)

Die Katze Mimi

Lieber Weihnachtsmann, ich heiße Manuela und gehe in die dritte Klasse. Ich schreibe Dir, um Dir zu sagen, daß die Lehrerin zu mir gesagt hat, ich soll dem Weihnachtsmann einen Brief schreiben. Ich habe zwei geschrieben, und die Lehrerin hat sie mir durchgestrichen, weil sie ihrer Meinung nach scheußlich waren. Ich habe angefangen zu weinen, die Lehrerin hat mich getröstet, aber ich bin immer noch wütend. Deshalb darfst du der Lehrerin Maria Pia keine Geschenke bringen, sondern alle nur mir, dann zeigen wir es ihr mal so richtig.

Lieber Weihnachtsmann, ich hätte so gern, daß Veronica, meine vierjährige Kusine nicht mehr so frech wäre, weil sie nimmt mir immer die Spiele weg und macht alles kaputt. Außerdem muß ich Dir sagen, daß ich eine Katze habe, die Mimi heißt und immer in den Kühlschrank geht und einmal, wie wir sie nicht gefunden haben, hat Papa weil er ein Bier holen wollte, den Kühlschrank aufgemacht und da war Mimi ganz erkältet drin. Lieber Weihnachtsmann, damals wäre Mimi fast gestorben, sag Du es ihr, daß sie das nicht mehr machen darf. Sorg Du dafür.

Ich bin brav gewesen, bin im Schreiben besser geworden und verstehe mehr, ich helfe auch der Mama beim Putzen im Haus. Aber manchmal zwicke ich meine Freundin, die neben mir sitzt. Als Geschenk bitte ich Dich um »Das Moderad«, das mußt Du unter eine Topfpflanze schmeißen, weil ich keinen Weihnachtsbaum gemacht habe...

Dank und Gruß.

Manuela – Palazzo Adriano (Palermo)

Egal welche Rasse

Wir heißen Gelsomina und Rosmarina. Wenn es uns langweilig ist, gehen wir ins Bett und schlafen ein. Wenn wir aufwachen, ist es schon Zeit zum Abendessen und dann gehen wir wieder ins Bett. So ist ein Tag vergangen, an dem man eine Menge schöne Dinge hätte machen können. Anderemale verbringen wir den ganzen Tag vor dem Fernseher und schlafen dabei ein. Vielleicht bräuchten wir noch ein Schwesterchen (wenn das nicht geht, auch einen Bruder), Mama will es nicht mehr machen, schon deshalb, weil wir es gern ein bißchen größer hätten, so 10–11 Jahre alt, und daß es mit uns spielt. Egal welche Rasse, auch eine Negerin oder eine von diesen Notleidenden oder Waisen. Wir ernähren sie und passen das ganze Leben immer auf sie auf wie Wendi von Peterpan.

Gelsomina und Rosmarina – Bracciano (Rom)

Eine Birne für Opa

Lieber Weihnachtsmann, wir sind 10 Schüler, sind 7–8 Jahre alt und gehen in die zweite Klasse. Wir schreiben Dir, damit Du uns kennst, und um unsere Wünsche auszudrücken.

Ich heiße Sandro, und mein Wunsch ist, Deine Telefonnummer zu erfahren, weil im Telefonbuch finde ich sie nicht. Kannst Du sie mir geben?

Ich heiße Nenzi: mein Wunsch ist, daß die Kranken gesund werden, es muß nicht gleich sein, aber ich hoffe so bald wie möglich...

Ich heiße Carla, mein Wunsch ist, daß auch die armen Kinder viele Geschenke haben und immer ein Abendessen.

Ich heiße Sara: mein Wunsch ist, daß ich ein Video Geims möchte um zu Hause zu spielen und nicht das Geld in den Cafes ausgeben.

Ich heiße Luca: mein Wunsch ist, daß du Papa zwei Unterhemden bringst, Opa eine Birne.

Ich heiße Bruno: mein Wunsch ist, daß meine Lehrerin stirbt und auch die Vertretung.

Ich heiße Francesca, ich möchte als Geschenke Dschiens und zwei oder drei ärmellose Pullover und ein Buch mit Kapiteln. Und wenn Du kannst, laß auch ein Foto von Dir mit Unterschrift da.

Ich heiße Clara: gib auch denen aus der dritten Welt Geschenke, die nicht das Nötigste haben, um das Leben zu überleben.

Ich heiße Agostino: ich wünsche, das ich von jez an richtig schreibe.

Ich heiße Totò, mein Wunsch ist, den Kindern zu helfen, die so gut in ihren Häusern geschlafen haben und dann ist das Erdbeben gekommen und die Häuser sind eingestürzt und jetzt können sie nicht mehr in Frieden spielen und schlafen.

Klasse 3 d, Giuseppe Garibaldi-Schule – Cosenza

Einen Zentimeter hohe Absätze

Lieber Weihnachtsmann,

ich heiße Martina Ungari, bin zehn Jahre alt und gehe in die 5 d der Collodi-Schule in Florenz. Ich möchte eine runde und eine quadratische Platte mit Wäsche zum Bügeln, ein Paar normale Schuhe mit mindestens ein Zentimeter hohen Absätzen (wenn möglich), Schnur für die Brille, zusammenfaltbarer Schirm, ein paar große Hefte, kariert und liniert (wenn möglich Umschlag mit Kaschmyrmuster), ein Lineal, ein Dreieck und einen Winkelmesser (rund), Minimonopoli, eine kleine Tafel mit Kreide, und wenn Du mir bitte ein paar Radiergummis und ausradierbare Stifte bringen könntest, die ich auch für die Forschungen dringend brauche, ein paar Briefmarken, ein paar Päckchen mit Bildchen des menschlichen Körpers, ein Armband für die Uhr, das man ins Wasser tun kann und ein Taschenvideospiel. Ich hätte gern, daß Du (mit irgendeinem Trick) den

Vertrag unterschreiben lassen würdest, damit das neue Haus gebaut werden kann und dann hätte ich auch gern ein neues Zimmerchen wie das von meinen Freundinnen.

Martina – Florenz

Sechs mal sechs ist sechs

Lieber Jesus, ich bin ein Junge namens Cesidio und gehe in die dritte Klasse einer Schule in der Nähe von meinem Dorf, wo eine Mehrklassenschule ist, weil es in meinem Dorf keine Schulen gibt und keine Kinder. Wir, mein Zwillingsbruder und ich, warten jeden Morgen auf den Schulbus, um in die Schule zu fahren, und wir sind immer nur wir zwei. Wenn er krank ist, bin da nur ich. Wenn wir in der Schule sind, haben wir Freunde, aber wenn wir daheim sind, ist da niemand, mit dem wir spielen können. Deshalb habe ich Dir geschrieben. Dann muß ich Dir noch etwas sagen, die Lehrerin nennt mich in der Schule nicht mehr Kampfhahn. Weil ich nicht mehr kämpfe wie früher. Aber wenn ich mit meinen Freunden spiele, möchte ich nicht, daß wenn ein Größerer kommt, der mords angibt, daß ich dann tun muß, was er sagt und außerdem bin ich auch sauer, daß mein Banknachbar, wenn ich sage $6 \times 6 = 36$ immer sagt: Cesidio hat gesagt, $6 \times 6 = 6$, das kann ich nicht ertragen, vielleicht kannst Du mir schreiben, was ich machen soll.

Dann gibt es in meinem Dorf überhaupt keine Geschäfte, nicht mal für Brot, Mama sagt, daß wir schlechter dran sind als die Neger, und so kann ich auch nicht mal Sammelbildchen kaufen. Ich möchte gern, daß Du mir das Videospiel von Super Mario bringst und einen Reiter von den Tierkreiszeichen und dann möchte ich noch einen Flipper. Oder behalt ruhig alles für die Armen.

Cesidio – Villa Furlo (L'Aquila)

Keinen Hund

Lieber Weihnachtsmann,

hier im Dorf Giugliano sind wir alle sehr schlecht und tun Verbrechen. Oft kommt die Polizei und schießt auf uns, auch Salven. Die einen verstecken sich und die andern sterben, je nachdem. Schick für Weihnachten die Drogensüchtigen weg und die, wo mir und meiner Schwester gemeine Sachen sagen, wenn wir in die Schule gehen. Laß für Weihnachten die Straße unseres Viertels putzen, das ganz ohne Straße und ohne alles ist. Zu Weihnachten will ich einen kleinen Fernseher für mein Zimmer.

Lieber Weihnachtsmann, du bist der einzige wo ich gern habe, aber bring mich dafür zur Belohnung in eine große Stadt wie Salerno oder Casoria, wo die Vettern sind, außer Francesco, der gestorben ist, wie ihn der Hund mit der Leine unter das Auto gezogen hat, daß vorbeigefahren ist und nicht gehalten hat. Bring mir keinen

Hund, der mich auch unter das Auto zieht. Beste Wünsche für Deine Familie von Tonino Tatunno.

Tonino – Giugliano (Neapel)

Ein Gewehr

An den Weihnachtsmann
Straße zur weißen Grotte

Lieber Weihnachtsmann,

ich heiße Bonaria, bin ein sechsjähriges Mädchen aus Sardinien, mein Dorf heißt Macomer und habe gerade erst schreiben gelernt. Lieber Weihnachtsmann, schick mir bitte ein Gewehr zum auf die Lehrerin schießen. Mama sagt, daß es dich nicht gibt, aber ich glaube das nicht. Wenn du es mir schickst, könnte ich ihr sagen, daß es dich wirklich gibt und wenn ich ihr das Gewehr zeige, glaubt sie es. Und dann bring bitte keine Kohle, sonst schlägt mich Mama, und ich habe Angst.

Ich bin dieses Jahr brav gewesen, letztes Jahr habe ich eine Lüge gesagt, aber das Geschenk hast du mir ja schon geschickt. Jetzt grüße ich dich, schick mir bitte das Geschenk (wenn du auch der

Mama ein Gewehr schicken könntest, ich glaube, es gefällt ihr).

Deine Bonaria

Bonaria – Macomer (Nuoro)

Die Schule verschwinden lassen

Liebste Santa Lucia,

ein schöner Wunsch von mir, von dem ich will, daß er sich erfüllen soll, ist die Schule vom Erdboden verschwinden lassen. Wenn du das nicht schaffst, bring mir ein paar materielle Geschenke wie den Ehemann von Barbie, der Ken heißt. Wenn ich mit ihr spiele, kann ich nie spielen, daß sie heiraten oder in die Disko tanzen gehen, und dann ist das nicht sehr lustig.

Ich kenne dich nicht, aber ich möchte mich auf dich verlassen. Dieses Weihnachten hätte ich auch gern das Haus und den Camping-Wagen von Barbie, dann würden die Sachen von der Puppe nicht mehr so rumliegen und Mama würde nicht mehr wegen der Unordnung schimpfen. Wie machst du das, daß du alle die Geschenke bezahlen kannst?

Entschuldige, daß ich mir soviele Spielsachen bringen lasse, aber es sind die schuld, die die Spielsachen machen, sie machen zu viel. Für meinen Papa eine Wäscheklammer, weil er sonst schnarcht.

Deine Lieblingsfreundin Sabina

Sabina – Poggio Mirteto (Rieti)

Der Kopf des Kindleins

Liber Befagna, ich erzel dir meine Weinacht.

Die Mama hat die Grippe gericht und hat die Säcke ins Waser eingeweicht und dan gesag, geh an dem Römerbogen und hol zwei Sweige vom Erdberbaum. Ich bin mit dem Schnuller hin und hab die Sweige gehol und Mama hat sie in die Grippe rein. Dann am heilig Abend ist Onkl Rafaeli und Tante Concetta gekommen und wir sind die Brozession rumgegangen. Mein kleiner Bruder hilt das Kindlein. Hat Papa gesagt »wirds doch nich fallen lassen?« »Leßt es nich fallen«, hat Mama gesagt. Und so sin wir durchs Haus rum und haben gesungen Stile Nach. Wie wir gesungen ist das Kindlein gefallen und hat den Kopf zerkracht. »Ich hab doch gesagt, er leßt es fallen«, hat Papa gesagt und geflucht. Dann hat Mama gesagt »geh zu Don Titta und kauf ein anderes Kindlein.« Ich bin hin, aber war zu. Habe gesagt, ist zu. Dann Kopf mit Krümel angeklebt, runtergefallen. Kopf mit Wachs angeklebt, runtergefallen. Kopf mit Streichholz angeklebt, runtergefallen. »Ach, leck mich doch am Arsch«, hat Papa gesagt und wols wegschmeisen. Mama hat geschrin und hat gesagt: »Was tun wir etzt rein, was tun wir rein in die Grotte?« »Leg dich doch selber rein, blöde Ku«, hat Papa gesagt, »das ist das beste.« Dann hat Papa Onkl Raffaeli zum Kartenspielen ins Haus von Giuanni mitgenommen. Und wir ganz ganz vorsicht das Kindlein in die Grotte getan und die Gebete gesungen und die Ferckelein mit den Epfeln und den Nelkn gegessen. Vile Grüße, liebe Befagna von Ronzino.

Oronzino – Bagnolo (Lecce)

Schick mir ein Foto

Lieber Weihnachtsmann, ich bin ein neunjähriges Mädchen und heiße Anna, ich habe eine zwölfjährige Schwester, die Maria Gattini heißt und einen vierzehnjährigen Bruder, der Carlo Gattini heißt. Mein Nachname ist Gattini*, aber uns gefallen sehr Hunde, auch wenn wir keinen kriegen, weil ich in einem Block wohne. Wir würden dich so gern sehen und dich meiner Mama zeigen, die dich nicht glaubt. Wenn du uns ein Foto von dir schikken könntest, damit wir es den Klassenkameraden und Mama zeigen, dann glaubt sie dich und sagt nicht mehr: »Der Weihnachtsmann ist eine Erfindung.« Jetzt bitten wir dich, unseren Wunsch zu erhören, da du der Weihnachtsmann bist, kannst du uns ein HÜNDCHEN bringen, das gerade erst geboren ist, weil wir uns das so sehr wünschen. Du wirst jetzt fragen, warum bittet ihr nicht eure Eltern, daß sie es kaufen? Dann antworten wir, weil

* Der Name heißt wörtlich »Kätzchen« (A. d. Ü.)

unsere Eltern sagen, daß wir weinen, wenn der Hund stirbt, aber uns ist egal, wenn wir weinen, wir weinen doch sowieso, weil wir keine Freunde haben, mit denen wir Quatsch machen können und immer allein sind und jemand wollen zum spielen.

Bitte, lieber Weihnachtsmann, bring ihn uns.

Anna – Rapallo (Genua)

Das Rezept zum Fliegen

Lieber Weihnachtsmann, ich möchte ein Geschenk, aber ich schaffe es nicht, lieb zu sein, nur an Weihnachten bin ich lieb, hoffentlich bist Du nicht wütend, weil ich an normalen Tagen nicht lieb bin.

Ich möchte gern folgende Geschenke, eine Lupe, eine Porzellanpuppe, Nähzeug mit Nadel und Faden, Figuren für die Krippe: zwei Hirten, 405 Schafe, 2 Engel mit Instrumenten, einen Bauernhof und eine Pinie. Ich bin ein Kind, das der Mama nicht so arg viel Kummer macht und in der Schule ganz gut, deshalb hoffe ich, daß Du mir diese Geschenke bringst... Weihnachtsmann, was kriegen die Rentiere zum Fressen, damit sie fliegen? Schreib mir auf einen Zettel das Rezept zum Fliegen, und wenn Du kommst und mir die Geschenke bringst, dann tu mir das Rezept in einen großen Topf, aber daß es auch funktioniert. Ciao Ilaria

Ilaria – Leporano (Tarent)

Ein grausames Mädchen

Liebes Christkind,

ich möchte Dich gern sehen, aber ich habe kein Recht, weil ich nicht lieb bin. Jesus, erbarme Dich, erbarme Dich, ich bitte Dich darum, ich, die ich diese Sünde begangen habe, die unsere Eltern begangen haben. O Jesus, hilf mir, daß ich zu allen gut bin. Gott, verzeih mir, daß ich grausam gewesen bin.

Liebes Christkind, wenn meine Freundinnen sagen, daß es Dich nicht gibt, irren sie sich, aber wenn es so weiter geht, weiß ich auch nicht, was ich tun soll, ob ich Dir oder meinen Freundinnen glauben soll. Gib mir ein Zeichen. Jesus, erbarme Dich, erbarme Dich ...

Anonym – Luino (Varese)

Freundschaftlicher Rat

Lieber Weihnachtsmann, dieses Jahr sind viele Italiener in Sorge um ihre Verwandten und ihre Angehörigen, die Gefangene in Irak sind. Geh doch dorthin, Weihnachtsmann, und schmeiß dem Saddamussei einen Sack mit Spielsachen auf den Kopf, dann ist er wenigstens ein paar Monate im Koma. Ist es kalt dort in Finnland? Irgendwann komme ich einmal mit dir und sehe mir dein Haus an. Wenn du einen freundschaftlichen Rat willst, nimm doch statt daß du den Schlitten ziehst, ein schönes Schneemotorrad.

Ich weiß nicht, ob du reich bist, aber warum kommst du nicht mal auf Skiurlaub hier ins Veneto nach Cortina; da sparst du schon das Fressen für die Rentiere, weil du ja mit dem Flugzeug oder mit dem Schiff kämst: so wärst du am heilig Abend schon hier in Italien, und bei all dem Schnee, den wir hier haben, käme es dir vor wie wenn du schon daheim bist. Ich heiße Siro Giara, wenn du auch die zweiten und die dritten Namen brauchst, sage ich sie dir: Siro, Antonio und Giuseppe. Ciao, Weihnachtsmann, ich rate dir, auf die Räte zu hören, die ich dir gegeben habe, bis bald.

Siro – Longarone (Belluno)

Übertreib nicht

Liebe Befana,

ich heiße Rodolfo und habe einen größeren Bruder. Papa schreit, weil wir die Katze in die Bar rein lassen, dann schnappt er sie am Schwanz und schlenkert sie wieder aufs Dach.

Ich gehe gern in die Berge, Pilze suchen. Ich habe zwei Vettern, die im Kindergarten immer weglaufen und ich muß sie suchen. Das regt mich auf.

Meine Mutter spielt immer mit uns Videospiele und wenn sie verliert, sagt sie, das gilt nicht. Wenn ich in der Schule bin, spielt sie Super Mario und lernt mehr als ich, und dann läßt sie mich immer den Schatz finden, aber ich mache es lieber allein, auch wenn ich durcheinander komme. Ich hätte gern ein paar Spiele in Schachteln, aber übertreib nicht, und Miniautos. Kann ich dich etwas fragen? Wie heißt du richtig, oder bist du auf den Namen Befana getauft worden?

Jetzt erzähle ich dir ein paar Rätselwitze, die dir bei vielen Gelegenheiten nützen können.

1 – Weißt du, was eine Ameise in der Sahne macht?
(Skiurlaub)

2 – Wieviel Tiere nahm Moses auf seine Arche mit?
(Gar keines, weil es Noah war und nicht Moses)

3 – Was macht ein Fernseher mitten im Meer?
(Wellensalat)

Du kannst auch selber welche erfinden, aber ich schaffe es nicht. Ciao, ich erwarte dich.

Rodolfo – Sulmona (L'Aquila)

Nichts zu machen

Lieber Jesus, weißt du, daß mein Goldfischl immer aus seinem Glas rausspringt, wenn er die Melodie von den Zeichentrickfilmen oder Filmen hört? Wie du ja wohl schon gemerkt hast, bin ich Brenda, die kleine Schwester von Simona, genannt die Fleischfresserin, weil sie mich immer beißt, auch wenn ich ihr nichts getan habe. Ich bin sechseinhalb Jahre alt, habe Wimpern und Augenbrauen, halb große und halb kleine Ohren, Schneidezähne im oberen Bogen. Jetzt trage auch ich eine Brille und habe viele Fehler, einer davon ist, daß ich nie schuld sein will, auch wenn ich schuld bin. Mama hofft, daß ich in der Schule gut bin, aber da ist nichts zu machen. Bis zum 5. Dezember habe ich die Vertretung, die wirklich böse ist. Wir haben die Vertretung, weil unsere Lehrerin krank ist. Jesus, mach unsere Lehrerin wieder gesund.

Ich schreibe dir diesen Brief, weil ich dich fragen wollte, ob du nicht schon am 23. kommen könntest, weil wir in die Berge fahren? Ich möchte gern ein Rolette, weil man das mit vielen spielen kann, meine Schwester die Fleischfresserin hat ein Rolette, aber sie behält es nur zum Angucken, und deshalb wollen mein Bruder und ich eines ganz für uns.

Brenda – Bologna

Ruf notfalls an

Liebe Befana, wir sind drei Schwestern und hier sind ein paar unserer Merkmale:

Name	*Alter*	*Charakter*
Bruna	neun	nett
Sara	sechs	lustig
Luisa	drei	lebhaft

Liebe Befana, wir wissen, daß du sehr gut bist, und deshalb sagen wir dir, was wir unbedingt wollen: zwei Fische. Wir wollen sie mit verschiedenem Geschlecht, weil sie dann nicht nur Gesellschaft leisten, sondern auch Kinder kriegen. Bring sie uns, laß uns nicht wieder sechs Jahre warten wie auf den Hund.

Wenn nicht Weihnachten ist, sagen wir, daß wir nicht an dich glauben, aber wenn Weihnachten kommt, können wir nicht anders, als an dich glauben. Luisa sagt, daß du durch den Kamin reinkommst. Wir sagen, daß du über die Terrasse kommst, weil wir gar keinen Kamin haben. Sag uns, wer recht hat, wir oder Luisa?

Wir versprechen dir, daß wir nicht mehr die tausend Lire vom Opa annehmen, damit wir ihm heimlich Zigaretten kaufen. Wir möchten gern, daß der 6. Januar ein Tag ist, wo die Arbeiter, die die Wälder des Amazzolischen Waldes abschneiden statt das verdiente Geld selber zu behalten es den Kindern der 4. Welt geben würden. Wir würden dich so gern sehen, aber wenn dein Gesicht geheim ist, behalt es für dich, wir zwingen dich nicht.

Jedenfalls ist das Geschenk, was wir wollen, ein einziges und zwar der Pirat »Po Po«. Erklärung: der Pirat »Po Po« ist ein Plastikmännchen und auch farbig, und macht immer poo poo. Es gibt auch Schwerter und ein Fläschchen. Bringst du es uns, falls es nicht zu teuer ist? Wenn ja, danken wir dir, wenn nein spielen wir nie mehr mit dir... Wenn wir uns nicht klar ausgedrückt haben, ruf uns an unter der Nummer 895621. Liebe Befana, du darfst nie sterben.

Bruna, Sara, Luisa – Gualdo Tadino (Perugia)

Tolestorol und Diabetes

Lieber Weihnachtsmann, es tut mir leid, daß keiner mehr glaubt, daß es dich gibt, und ehrlich gesagt ich auch nicht. Ich habe von deinen Postlerinnen erfahren, daß du immer fetter wirst und viele Bifstecks ißt, und da rate ich dir, aufzupassen, sonst kannst du Tolestorol und Diabetes kriegen. Ich hätte gern, daß mein Papa daheim bleibt und Geld verdient ohne zu arbeiten, dann ist er immer bei mir.

Fragen an das Christkind, aber es soll selber antworten. Was machst du so den ganzen Tag? Christkind, ich bin auch mit einem Notizbuch zufrieden oder auch mit einer noch kleineren Sache. Jesus, ich hätte gern, daß wenn du geboren wirst, die Leute, die dich nicht kennen, dich kennen, und daß auch die, die dich kennen, dich noch besser kennen.

Ich werde für dich Gebete aufsagen, nur vergesse ich manchmal, wie sie gehen. Nachts träume ich, eine Heilige zu werden. Dies Jahr versuche ich, mehr lieb zu sein, weil liebe Menschen geboren sind und liebe Menschen gestorben sind. Heute sind zwei Beerdigungen gewesen, von einer Großtante von mir und einem Großvater meines Freundes. Ich hoffe, daß kein lieber Mensch von dir stirbt, weil wenn er stirbt, weiß ich, was du durchmachst, schreib mir, ich antworte bestimmt.

Josephine – Recanati (Ancona)

Lumpi hält Wacht

Lieber Weihnachtsmann,

leider habe ich eine böse Entdeckung gemacht: Mama hat gesagt, daß nicht du die Geschenke bringst. Aber wenn es dich nicht gibt, für wen ist dann dieser Brief? Ich wohne in Genua in der Via dei Mille Nummer 24, und dahin sollst du mir das Geschenk bringen, wie du es sieben Jahre lang gemacht hast. Hör mal, was ich dich fragen wollte: bist du verheiratet?

Du weißt ja wohl, daß ich Ludovica heiße und acht Jahre alt bin, mein Bruder heißt Giovanni, ist 13, einen Meter siebzig groß und spielt Fußball in der Nummer 7. Mein Vater heißt Paolo, und wenn er abends spät heimkommt, will er wissen, ob ich meine Hausaufgaben gemacht habe. Mama ist Hausfrau, aber sie sagt, daß sie immer müde ist. Dann ist da noch der Hund Lumpi, und wenn jemand mich angreift, beißt er ihm in die Fessel.

Ich habe nie schlechte Noten auf die Hefte bekommen. Ich mache gern Forschungen, vielleicht bringst du mir ein Mikro Skopp, mit dem man die kleinen Sachen sehen kann, die man mit nacktem Auge nicht sehen kann, wie die Haare vom Hund, die Karies in den Zähnen, die einem ausfallen. Kurz, das ist sehr schön, und da ich nicht die üblichen Puppen will, möchte ich das. Mein Vater hätte gern den Fotoapparat Yashica Fx 3 super 2000.

Deine Ludovica

Ludovica – Genua

Wenn es dir recht ist

Lieber Weihnachtsmann, ich bin glaube ich dieses Jahr ziemlich lieb gewesen, bin in die Schule gegangen, habe meinen Eltern gehorcht und alle meine Großeltern, Onkels, Tanten, Papa und Mama und meine Nachbarn lieb gehabt, Oma Pia, Battista, Andrea Rachele. Kurz ich glaube, ich kann ein paar Spiele kriegen. Wenn es dir recht ist, ich bin 7 und möchte die Gaben:

Die schöne Ballerina

Das Donald Duck-Puzzle

Ein Märchenbuch nach deiner Wahl

Sbrodolina, die Bläschen macht und wie eine Königin aussieht.

Ein schönes Kleid für Barbi.

Einen Mann für Barbi, weil mir der Kopf zerbrochen ist.

Für Papa eine neue Schreibmaschine, weil die hier nicht gut geht.

Für Mama einen Ring oder ein Armband ganz aus Gold.

Den Großeltern allen Bonbons.

Für Battista ein Jäckchen wie für einen jungen Mann.

Für Rachele, Battistas Mama, dicke Ohrringe.

Für Andrea und Oma Pia 100 Lire und einen Lebkuchen.

Für Anna und Carlo und Paolo ein schönes großes Eis, das möcht ich sehn, wie sie das bei dieser Kälte machen.

Ich habe dich sehr lieb, ich weiß auch, daß du sehr alt bist, aber wenn du es schaffst, mir alle diese Gaben zu bringen, die ja gar nicht so viele sind, würde ich mich freuen. Ich erwarte dich am 25. Dezember.

Sara – Vicenza

Du bist unser Stern

Liebe Santa Lucia, ich weiß, du wirst jetzt böse, aber entschuldige, ich warte schon so lange auf dich und bin im Advent. Ich werde es noch bis zum 13. Dezember bleiben. Ich bin einen Meter und fünfundzwanzig Zentimeter groß und habe braune Haare. Ich habe eine kleinere Schwester, die Gessica heißt, ein Frechdachs, die mir immer die Gummis stiehlt, also die Radiergummis, nicht die Kaugummis.

Gessica erzählt mir jeden Tag, daß sie Schmuck will. Wenn ich heute nachmittag von der Schule heim komme, erzähle ich es ihr, dann freut sie sich, daß ich in dem Brief von dem Schmuck geschrieben habe. Ich bitte dich, bring mir das Geschenk über die Wohnzimmerterrasse, die größere, weil drüben auf der vor der Küche ist mein Hund Eleno, und weil der schlau ist, hat er mal an Weihnachten was durch das kleine Küchenfenster gesehen, und damit er dich nicht entdeckt, ist es viel besser, du kommst über die andere. Sags auch der

Befana, die ist nämlich entdeckt worden. Ciao Samantha.

P. S. Santa Lucia Gedicht. Santa Lucia du unser Stern, Dich haben alle Kinder gern, du ziehst durch die Welt, wie es dir gefällt. Du machst viele Reisen, und wir bereiten Dir Speisen, aber ich weiß gar nicht, wie du das alles essen willst? Du mußt ja einen Hunger haben wie ein Bär...

Samantha – Udine

Meine Mama kann auch zahlen

Lieber Weihnachtsmann, ich heiße Taviani Maria, ich möchte ein kleines Geschenk. Und übrigens, meine Mama kann auch zahlen.

Falls zufällig noch ein anderer Brief ankommt, auf dem »Taviani Olmo« oder »Taviani Giuseppina« steht, macht das nichts, schick mir das Geschenk, denn das sind mein Kusin und meine Kusine. Wenn meine Schwester Caterina mit ihrem Geplärr nicht aufhört, bring ihr Kohle. Ich kratze die Caterina manchmal und ziehe nie Hausschuhe an. Lieber Weihnachtsmann, es gibt eine Lehrerin, und ich will jetzt hier nicht verraten, wie sie heißt, aber sie behandelt mich wirklich sehr schlecht, und ich weiß nicht, was ich machen soll.

Dann möchte ich dich bitten, mir auch noch bei einem anderen Problem zu helfen. Ich habe einen Bruder, der sechs Jahre älter ist als ich und mich immer auslacht und sagt, daß ich zum Kotzen bin. Wo du doch so nahe beim Jesus bist, könntest du versuchen, mit ihm zu reden, frag ihn, ob er da nichts machen kann, wo er doch höher ist als alle, auch als mein Bruder. Jetzt muß ich Schluß machen, weil mein Vater kommt und dann immer wieder das gleiche sagt, nämlich, daß ich die Wäsche aufhängen soll.

Bring mir zwei Schweine: ein rotes und ein blaues, ein Fahrrad mit zwanzig Gängen und mit schönen Farben und bequem und eingepackt in ein Paket, und wenn es dir nichts ausmacht, bring mir auch einen Strauß gelbe Blumen, auf dem steht für Maria.

Maria – Pisa

Zuerst muß der Präfekt kommen

Liebes Christkind, ich bin ein zehnjähriges Mädchen und heiße Lidia und teile dir mit, daß die Welt dieses Jahr schlecht läuft. Könntest du die Süchtigen nehmen und ihnen die Fresse einhauen und den Marokkanern einen Sack voll Ohrfeigen geben?

Weißt du, daß alle zu mir gesagt haben »sag dem Christkind, es soll dir ein Geschenk bringen«, aber ich schreibe das nicht am Anfang eines Briefes, das ist meiner Meinung nach ein bißchen zu sehr ausgenützt, auch wenn ich gern den Kochherd hätte. Deshalb sage ich dir, daß es neben meinem Haus einen Erdrutsch gibt und ich in ein anderes Haus geschickt worden bin, das mir nicht gefällt, ich möchte in mein Haus, aber wann kann ich wieder da rein? Es heißt, daß zuerst der Pärfekt kommen muß.

Ah, ich habe auch noch was Unangenehmes, die Buben in meiner Schule schreiben mir immer Briefchen. Was würdest du da tun? Fast hätte ich es vergessen! Ich bitte dich um Verzeihung, weil ich am 11. Dezember nicht aufgepaßt habe und den ganzen Milchkaffee über mich geschüttet habe, vergib mir. Auch dieses Jahr bitte ich dich um den süßen Albertherd, da du ihn mir letztes Jahr nicht gebracht hast, und wenn du ihn mir nicht bringst, bitte ich dich auch nächstes Jahr wieder darum. Ich hoffe, das ist nicht zuviel verlangt. Was meinen zweijährigen Bruder Mario angeht, kümmer dich selbst drum.

Gloria – Castrovillari (Cosenza)

Die Polizisten von Prato

An den lieben Weihnachtsmann
Wünscheweg 124
Schweden

Lieber Weihnachtsmann,

ich schreibe dir, um dir mitzuteilen, daß gewisse Kinder nicht dran glauben an den Weihnachtsmann, während ich immer dran glauben werde. Sie sagen, daß es die Eltern sind. Ich glaube nicht, daß du ihnen weiter Geschenke bringen sollst, weil an dich zu glauben ist wie ein Preis, und wir sind schon so viele, die Schlange stehen.

Aber eines habe ich gemerkt: die Eltern sind am Heiligabend so müde um die Augen, daß die fast zufallen, und sie sagen immer schon sehr früh, mir fallen die Augen zu, gehen wir alle schlafen. Dies Jahr habe ich Erstkumunion gehabt, und Mama und Papa haben beschlossen, ein Hündchen der Wolfsrasse für mich zu holen, und ich hätte gern ein Gewehr, um mit ihm im Park auf Großjagd zu gehen. Ich möchte einen Karabiner mit Fernrohr, der ganz ganz ganz langsam und geradeaus schießt. Ich schicke dir bald meine Ersparnisse.

Bring meinem Bruder Raffaele eine Schachtel mit Tieren vom Bauernhof und einen Traktor. Er geht manchmal in mein Zimmer rein und macht alles kaputt: meine Bauten, die Autos, und dann geht er zu Mama und umarmt sie. Mein Bruder ist anderthalb, er ist noch klein, aber er weiß schon, wie man's macht. Riccardo.

Park deinen Schlitten bloß nicht im Halteverbot, weil die Polizisten von Prato immer aufpassen und ... achte ja auf die Ampeln!!!

Riccardo – Prato

Ein Familienübel

Liebe Befana,

wir in der Familie heißen Pino, Maria, Teresa, Federica und Riccardo und was mein Betragen betrifft mußt du selber entscheiden, ob es richtig ist, mir Geschenke zu bringen oder nicht. Ich war nicht sehr selbstlos zu den andern, aber in der Schule bin ich besser geworden, deshalb möchte ich den Bomber. Jetzt werdet ihr fragen, was ist das? Dann antworte ich, das ist eine Sportjacke, die man heute trägt. Mein Charakter ist immer lustig, außer wenn mein Vater mich schlägt. Ich bin 1 Meter 31 groß und damit zufrieden. Ich möchte dich um etwas bitten: Frieden für den Krieg, weil es dabei sehr viele Tote gibt...

Liebe Befana, mein Bruder Riccardo wünscht sich den Motorroller mit Batterien. Er ist so eigensinnig, daß er sich von diesem Geschenk nicht abbringen läßt. Aber mein größter Wunsch ist, daß ich mein Hündchen Tontolino zurück kriege, auch wenn ich ihn saubermachen und mit ihm spazieren gehen muß und auf meine Lieblingsspiele verzichten muß.

Außerdem bitte ich dich um den Gefallen, ein Übel in meiner Familie abzuschaffen, nämlich das, daß sie keine Tiere im Haus wollen. Nicht einmal ein winzig kleines Würmchen. Ich bitte dich, meinen Wunsch zu erfüllen, und dieses Familienübel abzuschaffen. Fröhliche Weihnachten Dir und dem Weihnachtsmann, dem Christkind, Gott, der Madonna und Jesus. Grüß sie alle von mir. Danke.

Pino – Foggia

Unnütze und lustige Sachen

Liebe Befana,

ich bin ein Engel von einem Kind das einen Bruder hat, der es immer prügelt. Was soll ich tun? Laß es mich wissen. Bring mir keine nützlichen Geschenke wie jedes Jahr, daß Mama dann sagt: »Genau das brauchen wir, ein Glück, daß die Befana es uns gebracht hat!« Bring mir bitte unnütze und lustige Sachen. Ich glaube, daß ich sehr brav gewesen bin, im Gegensatz zu dem was meine Eltern sagen, aber wenn du mich strafen willst, kannst du Asche und Kohle reintun, aber nur wenig, weil diese Zuckerkohle am Strumpf festklebt. Ich denke auch im Sommer an dich, und dann sagt Mama: »Aber Agostino, es ist doch erst Sommer!« In der Schule bin ich gut und schlecht, und mein Lieblingsfach ist »Turnhalle«. Aber jetzt mache ich Schluß, weil ich genug vom Schreiben habe und du vom Lesen. Alles Gute bei der Arbeit, Agostino.

P. S. Weißt du daß man mit 27 tausend Lire drei arme Kinder heilen kann?

Agostino – Fossalto di Piave (Venedig)

Stirbst du eigentlich nie?

Ich bin's nochmal, Mariolina, ich hab's mir anders überlegt. Statt einer Puppe mit Batterien möchte ich eine ohne, weil sonst machen die Batterien Umweltverschmutzung. Ich wäre gern Einzelkind. Aber ich habe einen fünfjährigen Bruder, er heißt Sandro und geht in die erste Klasse und hängt immer an Mama, bis er ein Geschenk kriegt.

Sag mal, Weihnachtsmann, stirbst du eigentlich nie? Wie ich dich letztes Weihnachten gesehen habe, bist du mir sehr alt vorgekommen und ich möchte natürlich nicht, daß du in der Zwischenzeit gestorben bist!

Könntest du mir Prospekte von dem Ort schikken, wo du wohnst?

Ist noch niemals eines deiner Rentiere auf der Reise eingeschlafen?

Wie machst du das, daß du reich bist?

Stimmt das, daß du Filme im Fernsehen machst?

Warum fährst du statt mit dem Auto mit dem Schlitten?

Ich kann dir noch sagen, daß meine Schule von rötlich rosa Farbe ist.

Wie mein Opa krank war, habe ich geweint. Aber ich weine auch jetzt.

Viele Grüße, fröhliche Weihnachten und ein gutes neues Jahr.

Mariolina – Porto Ercole (Grosseto)

Wolfsmama

Lieber Weihnachtsmann, Befana und Christkind,

ich heiße Maurizio, bin sieben Jahre alt, fast acht und möchte gern viele Spiele, die ich hinten auf den Zettel schreibe.

Meine Mama ist weg gegangen, und ich lebe bei meiner Oma Letizia, die mich liebhat, aber sie schimpft auch, wenn ich zu ausgelassen bin, wenn ich herumschreie oder die Tassen zerschlage, im Haus Ball spiele oder zu viel herumtobe.

Opa Gigino ist sehr nett zu mir und gibt mir den Gutenachtkuss und erzählt mir immer das Märchen vom Wolf, der einen Sohn hatte, der Maurizio hieß (wie ich) und wo die Wolfsmama eines Tages weggegangen ist, um Essen zu holen, aber die Jäger erschießen sie mit den Gewehren und das kleine Wölflein Maurizio wartet und am Schluß kommt der Wolfsopa, der Luigi heißt (genau wie mein Opa) und rettet das Wölfchen. Ich weiß nicht, wie es ausgeht, weil ich schlafe immer ein.

Im Sommer war ich im Gebirge, wo echte Wölfe waren, und ich habe das Wölfchen Maurizio gesucht, aber ich habe es nicht gesehen. Könntest du mir vielleicht ein Wölflein bringen, auch wenn es kein echtes ist, aber mit Fell und Zähnen, damit ich es beim Schlafen aufs Kissen legen kann? Wenn du meiner Wolfsmama begegnest, sag ihr, daß ich auf sie warte, aber daß ich müde bin und schlafen will.

Maurizio – Novara

Nicht wie Mickymaus

Liebster Weihnachtsmann, ich will, daß die Reklame vom Kapitän Findus abgeschafft wird, weil sie mir große Angst einjagt, und auch meiner kleinen Schwester. Weihnachtsmann, ich möchte gern, daß du dich wenigstens eine winzige Minute lang zeigst, bitte mach's nicht wie Mickymaus, die zu mir gesagt hat, daß sie keine Zeit hat. Zeigst du dich?

Ich möchte dir eine Frage stellen: kannst du mir nicht helfen, mein Problem zu lösen: Luca Moronzi tut mir fast immer weh. Könntest du mir antworten? Weihnachtsmann, ich finde es lustig in der Schule, und ich hätte gern am liebsten immer nur Italienisch und Geographie; heute beim Turnen hat uns die Lehrerin hinaus geschickt, weil wir ständig laut waren und herumgezappelt haben. Für mich gibt es Freunde, die gut sind und Freunde, die bös sind. Ciao, Andreina.

Andreina – Acqualagna (Pesaro)

Spaßanfälle

Liebes Christkind,

verzeih mir das, was ich dir angetan habe, aber ich bin auch keine Heilige! Weißt du, wie ich heute früh in das Zimmer gegangen bin, habe ich all die Unordnung gesehen, und da habe ich gemerkt, daß du ein bißchen enttäuscht sein mußt.

Ich spiele gern Dienstmädchen und Umkleiden. Böse bin ich nicht, nur kriege ich manchmal Spaßanfälle. Nicht weil ich jetzt optimistisch bin, aber sprechen wir doch über Spielsachen; ich bin verwöhnt, weil mir die schönen Sachen gefallen, ich wünsche mir die nuvel kuisi und sonst nichts. Wenn du mir statt dem Spiel Sachen zum Anziehen oder für die Schule bringen willst, nehme ich die auch gern. Wenn ich groß bin, will ich Lehrerin werden, weil ich Kinder mag wie mich.

Bring meinem Vater, daß er aufhört, immer allen Leuten ja zu sagen. Und Mama eine Bremse, weil sie immer herumrennt und nie stillsteht.

Jetzt kommt der traurige Augenblick, daß wir Abschied nehmen müssen.

Ach, ich habe ganz vergessen, dir einen Wunsch zu sagen. Ich möchte gern, daß die Leute ein Gas benutzen, das weniger Umwelt verschmutzend ist, zum Beispiel Metan, und daß sie ihre Abfälle in die Mülleimer reintun.

Ciao Christkindchen

Dayana – Voghera (Pavia)

Die Sache ist erledigt

Santa Lucia!

entschuldige, daß ich Dich in den früheren Briefen um Spielsachen gebeten habe, heute morgen hat unsere Lehrerin nämlich in der Schule gesagt, daß wir nicht immer nur Spielzeug für normale Kinder verlangen sollen, sondern auch daß die armen Kinder das tägliche Brot kriegen und auch Geld, damit sie sich eine Wohnung und Kleider kaufen können. Ich möchte, daß kein einziges Kind behindert auf die Welt kommt, sondern laß sie endlich einmal gesund auf die Welt kommen. Wenn Du gerade einen übrig hast, hätte ich gern einen Zirkel für die Geometrie.

Jetzt schicke ich Dir ein paar Rätsel. Weißt Du, was für eine Ente der Gipfel ist? Wenn sie Gänsehaut kriegt.

Ein Unterschied: Was ist der Unterschied zwischen einem Teppich und einer Sekretärin? Der Teppich kann morgens liegen bleiben.

Siehst du den Buckligen da? Mein Lieber, wenn du wüßtest, was für ein Aufrechter das ist!

Dies ist nur eine Probe, ich weiß noch mehr. Wenn sie Dir gefallen haben, dann schick mir doch den verdammten Zirkel, und die Sache ist erledigt.

Küsschen. Greta

Greta – Cesena (Forlì)

Marò's Mama

Liebes Christkind, ich heiße Luigi und gehe in die 4. Klasse. Ich lerne gern, auch wenn es ein bißchen anstrengend ist. In meiner Schule sind viele Kinder, wo der Vater arbeitslos ist und sie kein Geld haben. Ich möchte Dir etwas über Marò Pai sagen, der sehr arm ist, und nicht nur, weil sie kein Geld haben, sondern auch, weil seine Mutter eines Tages abgehauen ist und nach Spanien zurück ist, weil sie ist Spanierin. Der Vater von Marò hat sie immer geschlagen, weil sie das Geld nicht richtig ausgeben konnte. Dann hat sie es alles mit einem spanischen Freund ausgegeben und ist dann weg, ohne ein Wort zu sagen, nicht einmal einen kleinen Abschiedsgruß. Marò hat Kleider an, die ihm andere geben. Deshalb bitte ich Dich, Jesus, gib ihm zu seiner Erstkommunion, die er dieses Jahr haben soll, einen schönen neuen Anzug.

Liebster Weihnachtsmann, ich wohne in der Provinz Mantua und bin neun Jahre alt. Ich bin einen Meter 41 groß. Ich bin ein sehr witziger

Schüler, auch wie ich mich anziehe; ich habe nämlich immer Sonntagshosen an, eine Kittelbluse mit einem Raketenwappen und am Handgelenk ein algerisches Armband. Mein lila Rucksack ist immer voll mit Büchern und Farben.

Kann ich Dich jetzt, wo Du mich kennst, um einen Gefallen bitten, was die Weihnachtsgeschenke betrifft? Naja... sie gefallen mir nicht besonders, aber da meine Freunde das auch haben, könntest Du mir dann vielleicht auch zwei Reiter von den Tierkreiszeichen bringen? Gruß

Luigi – Curtatone (Mantua)

Gemüse in der Wüste

Mein liebes Christkind,

ich heiße Sue Ellen, bin acht Jahre alt und wohne in Turin. Diese Stadt ist ziemlich schön und ruhig, aber es gibt ein paar Drogensüchtige. Ich hätte gern, daß die aus unserem Gebiet verschwinden und wo anders hingehen. Schick sie auf den Aspromonte, damit sie dort geraubt werden und kein Mensch sie mehr sieht. Ich hätte auch gern, daß das Wasser von unserem Fluß in die Wüste mündet und dort viel Gemüse wachsen läßt.

Am meisten möchte ich, daß Mama nicht mehr arbeitet, damit sie immer bei mir ist und mich in die Schule bringt und abends nie müde wäre und ich froher einschlafe. Wenn du mir das erhörst, verspreche ich Dir, daß ich den Zahnapparat ohne zu mucksen trage und in der Schule die Vorschrift beachte »Beim Arbeiten muß man still sein«.

P.S. Ich möchte auch gern, daß Du meiner Tante Rosanna, die am 21. 9. 90 gestorben ist, Frieden schenkst.

Sue Ellen – Turin

Nicht den Jungen

Liebe Santa Lucia,

jetzt kann ich schon ohne Finger zählen. Ich heiße Haidi, und ich gehe in die zweite Klasse der Ganztagsschule. In der Schule tue ich, was ich kann. Die Lehrerin gibt mir manchmal Hausaufgaben, und manchmal bekomme ich dafür »sehr gut« und manchmal »du mußt besser aufpassen«. Ich verspreche meinen Eltern, nichts mehr zu stehlen. Wir haben dich gern, aber du brauchst dir wegen uns kein Bein auszureißen. Ich möchte gern vom Magic Nurser das Mädchen, denn jetzt, wo ich den Jungen gesehen habe, gefällt er mir nicht mehr.

Du willst wissen, wie mein Betragen ist? Es geht so: ich weiß selber nicht, ob ich lieb oder böse bin. Zum Beispiel streite ich fast jeden Tag mit meiner kleinen Schwester, weil ich mit ihr Spaß mache oder sie mit mir Spaß macht, aber fast immer bin ich es.

Stimmt es, daß sie dir den Kopf abgeschnitten haben? Es macht auch nichts, wenn ich kein Geschenk bekomme, weil dies ein Fest ist, wo man mit jemand zusammenleben soll.

Santa Lucia, mach, daß die Welt immer da bleibt und bitte den Papst, daß er öfter nach Benevent kommt. Und das wär's.

Dein Kind Haidi

P. S. Gibt es dich oder gibt es dich nicht?

Haidi – Benevent

Fragebogen

An den Weihnachtsmann
Schneeschlittenweg
Nordpol

Weihnachtsmann, zu Hause genauso wie in der Schule bin ich lieb und böse, aber öfter böse. Dies ist jetzt das dritte Jahr, daß ich dir schreibe, ich hätte ein paar Fragen an dich, einen Fragebogen.

Eins: Wie alt bist du?

Zwei: Nimmst du ein Fußbad, wenn du fertig bist?

Drei: Arbeitest du in einer Firma?

Vier: Kriegst du Angst, wenn du durch die Straßen voller Verbrecher gehst?

Fünf: Wieviel wiegst du?

Hast du Kinder? Aber sag mir die Wahrheit, weil ich kenne das Leben.

Sechs: Abteilung Geschmack und Lieblingsspeisen. Was ist deine Lieblingsspeise?

Sieben: Gibt es eine Weihnachtsfrau?

Acht: Wieviele Elfen hast du? Wie heißen sie? (schreib nur ein paar Namen).

Ignazio will, daß ich dich frage: Ist die Befana eine Freundin von dir oder seid ihr vielleicht sogar Mann und Frau? Wenn ja, schick mir ein Foto von der Hochzeit!

Wenn du mich glücklich machen willst, bring mir das Auto, das Alien heißt, und hoffen wir, daß mein Bruder Giovanni es mir nicht kaputt macht. Danke.

Ciao. Aber sei pünktlich! Schmatz Bruno.

Bruno – Bozen

Jingle Bells

Weihnachtsmann,

ich möchte Dich fragen, ob Du nur ein Herr bist, wo sich über uns lustig macht oder ob es Dich wirklich gibt.

Am Donnerstag, den 6. Dezember hatten wir Englisch in der Schule und haben das Lied Jingle Bells gelernt. Der Lehrer hat erklärt: »Hier steht, daß ein als Weihnachtsmann verkleideter Herr mit dem Schlitten fuhr und dabei haben die Glöckchen, die an den Seiten von den Pferden hingen geklingelt und deshalb – sagt der Lehrer – heißt das Lied Kling-Glöckchen.« Und da hat ein Freund von mir, der neben mir sitzt gesagt: »Das ist doch klar, daß da jemand als Weihnachtsmann verkleidet war, weil es den Weihnachtsmann ja gar nicht gibt!« Ich war ganz geschockt, weil ich an Dich glaube, und weil viele Klassenkameraden auch gesagt haben, daß es Dich nicht gibt, und da sind mir die Tränen in die Nase gekommen, aber ich habe sie nicht gezeigt, sondern geschrien: »Das stimmt nicht, es gibt den Weihnachtsmann!«

Leider ist unter denen, die sagen, daß es Dich nicht gibt, auch meine Freundin Arianna: ich habe sie aus meinem Club gegen Umweltverschmutzung hinausgeschmissen, Mama hat gesagt, daß Du ihr keine Geschenke mehr bringen wirst. Stimmt das?

Bitte, mach mir nicht den Kummer, daß es Dich nicht gibt, weil Du bist für mich die Welt und das Leben, auch wenn Du mir keine Geschenke bringst. Hauptsache, es gibt Dich. Rachele

Rachele – Gambassi Terme (Florenz)

Beschiß

Hallo Männe!

da bin ich, Robi, dein bester Freund, Männe! Bringst du mir bestimmt einen Haufen Sachen? Aber paß auf mit den Imitationen und nachgemachten Marken, denn letztes Jahr war ja alles Beschiß. Vielleicht, wenn sie dich da so groß und dick und komisch angezogen sehen, sagen sie, den bescheißen wir und da zahlst du dann deine fetten Dollargelder und am Schluß waren es alles nachgemachte Marken, aber meine Schulfreunde haben echte Marken, das ist doch eine Schweinerei. Ich könnte dich genau beraten, wenn du willst, aber ruf an, wenn Mama und Papa nicht da sind, dann kann ich runterkommen und dir die echten Sachen genau zeigen.

Vergiß nicht, daß ich dein bester Freund bin! Auch von der Befana und vom Christkind bin ich der beste Freund!

Ihr könnt alle auf mich vertrauen, und bringt

mir die Geschenke mit gehenden Batterien, nicht daß du die Batterien vergißt, und dann sind die Geschäfte zu.

Weihnachtsmann! Komm reiß dich zusammen, bald kannst du ausruhen: streng dich noch einmal an! Küsse Rob!!!!

Roberto – Urbino (Pesaro)

Großes Lob

Lieber Weihnachtsmann,

Bitte nicht wie letztes Jahr! Ich hatte dich um eine Autorennbahn gebeten, und du hast mir ein Notizbuch geschickt. Bitte bring mir dies Jahr das Schloß von Robi Nud von Lego und für meine Eltern, meine Mama möchte eine Handtasche für 100 tausend Lire und auch mein Papa möchte 100 tausend Lire.

Vergiß nicht, daß ich Luca heiße und ein italienisches Kind bin, das in Senigallia, Provinz Ancona geboren ist und wohnt. Meine Mutter ist Hausfrau und geht in einer Schule putzen, mein Vater arbeitet bei den Telefonkabeln und manchmal geht er was reparieren, was die Kinder in der Schule von meiner Mutter kaputtmachen. In der Schule kriege ich immer sehr gut und manchmal auch sehr gut und großes Lob.

In der letzten Zeit bin ich zu meinem Bruder lieb gewesen, auch wenn ich ihn immer haue, und ich möchte gern ein Geschenkchen. Eine nette Kleinigkeit würde schon reichen.

P. S. Wenn du keine Zeit hast, zu kommen, weil ich weiß, daß du viele andere Häuser besuchen mußt, schick es mit der Post. Ciao.

Luca – Senigallia (Ancona)

Kurz und bündig

Lieber Weihnachtsmann, ich heiße Giuseppe, bin acht Jahre alt und habe nur Papa und meine dreiundachtzigjährige Oma. Wenn Weihnachten war, wie meine Mutter noch da war, hat sie mir immer ein Spiel gekauft, jetzt ist es nicht möglich, weil Papa Arbeitslosenunterstützung ist.

Früher gab es wenig, aber etwas gab es.

Dein Giuseppe

Giuseppe – Iglesias (Cagliari)

Liebe Santa Lucia,

ich möchte, daß du mir dieses Jahr nichts bringst, weil ich es nicht verdient habe.

Giancarlo – Gazzo Veronese (Verona)

Liebes Christkind, kannst du mir bitte einen Wunsch erfüllen, ich bitte dich darum.

Es ist ein Familienproblem: WIR WOLLEN DIE SOZIALWOHNUNGEN.

Genny – Salerno

Liebe Santa Lucia,

wenn es möglich wäre, hätte ich gern für meinen Opa neue Kleider, weil seine alt sind und Löcher haben. Meinem Vater dagegen bring eine Arbeit und hilf meiner Mutter, daß sie nicht mehr schlimme Wörter sagt.

Caterina – Campobasso

Lieber Jesus,

Du mußt sagen, daß keine Kriege gemacht werden dürfen, sonst sitzen Papa und Federico immer vor den Fernsehnachrichten und lassen mich nicht die Trickfilme sehen.

Ich habe in Papas Zeitung gelesen, daß keine Minute mehr zu verlieren ist. Mach, daß es in Mesopotamien keine Gewalt mehr gibt, durch die viele Personen getötet werden, die noch leben müssen, weil sie jung sind.

Alma – Parma

Lieber Weihnachtsmann,

Bringst du die Geschenke oder sind es Mama und Papa?

Antworte ehrlich und laß mir einen Zettel neben dem Baum mit einer Antwort: entweder »JA« oder »NEIN«.

Fabrizio – Civitavecchia (Rom)

Lieber Weihnachtsmann, ich kann dir nichts über mich sagen, ich kann dir nicht einmal meinen Namen nennen, zu Weihnachten hätte ich gern das kleine Billjard. Von einem geheimnisvollen Kind.

Anonym – Soverato (Catanzaro)

Liebe Santa Lucia, ich bin eine Katze und heiße Nerina Pieretti, ich wohne in Sant Angelo, Via Milano 4 A. Ich möchte ein Pferdebifsteck. Wenn es das nicht gibt, bring mir ein anderes Bifsteck oder Fressen.

Nerina – Sassari

Befana, liebe,

nicht, daß ich sehr an dich glaube, aber früher habe ich an dich geglaubt, bis ich mal gesehen habe, wie Mama die Geschenke aus der Schublade geholt hat und dann habe ich dir nicht mehr geglaubt, daß es dich gibt.

Emanuela – Rieti

Liebe Befana,

wenn Du vielleicht dem Weihnachtsmann sagen könntest, daß er ein Hemd mit langer Krawatte bringt. Das Angebot findet er auf dem Küchentisch. Keine Sorge, wenn das Moped zu teuer ist, meine Oma läßt Dir ein Angebot auf dem Küchentisch, so sparst Du und kannst es mir bringen und bring mir auch den Helm.

Ciao Fabiano.

Fabiano – Torre Pallavicina (Bergamo)

Lieber Weihnachtsmann, ich möchte dieses Jahr alle Figuren von Coin.

Auf jeden Fall die: das Rhinozeros, den Igel, den Affen, die Schildkröte, den Bär, den Wolf und alle anderen. Nur das Walroß und den Iltis nicht.

Ich hoffe, daß Du sie mir bringst.

Gea – Ferrara

Lieber Jesus,

ich versuche, immer lieb zu sein und mir ein Beispiel an dir zu nehmen, wie du so klein warst wie ich, aber ich schaffe es nicht immer.

Lorenzo – Udine

Inhalt

Geheimpost an den Weihnachtsmann 5
Billiger Mist 11
Bloß ein paar Sachen 13
Der verfrorene Hund 16
Vier Welten 17
Der andere gilt nicht 20
Lieber guter Weinachtsman 21
Vierhunderttausend Lire 23
Zu viele Füße und wenig im Kopf 25
Geht zu Fuß! 27
Jungen zum Küssen 28
Verbrecherbäume 30
Lebende Krippe 33
Die Zeit drängt 34
Einen Freund für Mama 37
Santa Lucia als Schildkröte 39
Polizeispielzeug 41
Herzliche Glückwünsche 43
Das mit den Nägeln tut mir leid 45
Ich weinte und weinte 47
Eine anständige Person 49
Die drei Musketiere 51
Ich habe kapiert, daß es Dich gibt 53
Das doppelte Loch 55
Oder was anderes 57

Film und Haue 58
Ich kenne Sie nicht persönlich 60
Schuhe und Spielwaren 62
Verschwitzte Hände 64
Papas Fahrrad 66
Verpfuschtes Leben 67
Eine Hexerei 69
Pech 71
Brot und Schinken 73
Sklavenkind 74
Strich 76
Für fünfhundert Lire 78
Ich schreib Dir aufm Klo 80
Jagd auf den Geliebten 82
Papas Kopfnüsse 83
Mein Bruder Pietro 85
Kein Aufzug 87
Verlorene Illusionen 88
Hammer und Kalk 90
Die Katze Mimi 91
Egal welche Rasse 93
Eine Birne für Opa 94
Einen Zentimeter hohe Absätze 96
Sechs mal sechs ist sechs 98
Keinen Hund 100
Ein Gewehr 102
Die Schule verschwinden lassen 104
Der Kopf des Kindleins 106
Schick mir ein Foto 108
Das Rezept zum Fliegen 110

Ein grausames Mädchen 111
Freundschaftlicher Rat 112
Übertreib nicht 114
Nichts zu machen 116
Ruf notfalls an 118
Tolestorol und Diabetes 120
Lumpi hält Wacht 122
Wenn es dir recht ist 124
Du bist unser Stern 126
Meine Mama kann auch zahlen 128
Zuerst muß der Präfekt kommen 130
Die Polizisten von Prato 132
Ein Familienübel 134
Unnütze und lustige Sachen 136
Stirbst Du eigentlich nie? 138
Wolfsmama 140
Nicht wie Mickymaus 142
Spaßanfälle 143
Die Sache ist erledigt 145
Maròs Mama 147
Gemüse in der Wüste 149
Nicht den Jungen 151
Fragebogen 153
Jingle Bells 155
Beschiß 157
Großes Lob 159
Kurz und bündig 161

Aufsätze und Briefe italienischer Kinder im Diogenes Verlag

»Das sind Texte, die vordergründig meist zum Lachen reizen, dann aber nachdenklich machen und unter die Haut gehen. Abgesehen von ein paar italienischen Besonderheiten sind es auch die Probleme und Ansichten unserer Kinder, die in den Briefen stehen, unverhüllt, ungeschminkt und nüchtern. Wer Kinder mag und mehr über sie wissen will, findet in diesen Texten mehr Wahrheiten, als ihm vielleicht lieb ist.«
Deutschlandfunk, Köln

In Afrika ist immer August
Sechzig Schulaufsätze neapolitanischer Kinder
Herausgegeben von Marcello D'Orta
Mit einem Nachwort von Luciano De Crescenzo
Aus dem Italienischen von Linde Birk

Gott hat uns alle gratis erschaffen
Neue Schulaufsätze neapolitanischer Kinder
Herausgegeben von Marcello D'Orta
Deutsch von Linde Birk

Wie die Kinder zur Welt kommen
Neue Schulaufsätze neapolitanischer Kinder über Liebe und Sex. Herausgegeben von Marcello D'Orta
Deutsch von Linde Birk
(vormals: *Stiefmütter kriegen keine Kinder*)

Lieber Weihnachtsmann, bitte nicht wie letztes Jahr!
Hundert Briefe italienischer Kinder
Zusammengestellt von Frederica Lamberti Zanardi und Brunella Schisa. Deutsch von Linde Birk

Weihnachtsmann, mach du das mal
Neue Briefe italienischer Kinder
Zusammengestellt von Frederica Lamberti Zanardi und Brunella Schisa. Deutsch von Linde Birk

Anne Fine im Diogenes Verlag

Die Steinmenagerie

Roman. Aus dem Englischen
von Karin Polz

Ally ist zehn und hat dauernd Streit mit seiner gereizten Mutter, ist seinem Vater, der alles für ein »ruhiges Dasein« geben würde, ein Dorn im Auge und muß auch noch jeden Sonntag die unglückliche Tante Chloe mit seinen Eltern im Irrenhaus besuchen. Jeden Sonntag dasselbe – Ally ärgert sich über diese sinnlose Zeitverschwendung. Bis er eines Tages durch ein Fenster des Irrenhauses eine kleine Gestalt erblickt, die in einem geheimnisvoll überwucherten Landstück am andern Ende des Anstaltsgeländes wandelt...

»Ein trauriges Thema, aber alles andere als ein trauriges Buch. Ein originelles, ergreifendes und unterhaltendes kleines Werk, das Sie sich gönnen sollten – egal, wie alt Sie sind.«
Times Education Supplement, London

Das Oma-Projekt

Roman. Deutsch von von Barbara Heller

Großmutter soll nicht ins Altersheim – darin sind sich die drei Enkel einig. Mit List und Tücke setzen sie diesen Plan gegen ihre Eltern durch. Doch dann beginnt der Alltag...
Ein spannender Roman, in dem das Thema Zusammenleben von jung und alt unsentimental beschrieben wird.

»In *Das Oma-Projekt* greift Anne Fine ein schwieriges Familienproblem auf. Wohin mit Oma, die alt geworden ist? Ein Buch zum Schmunzeln, das aber auch genug Stoff zum Nachdenken bietet über ein Thema, das uns alle angeht.« *Für Sie, Hamburg*

»Ein köstliches Buch voll böser Situationskomik, ausgelöst durch eine skurrile Großmutter, die ihre Familie drangsaliert.« *Die Zeit, Hamburg*

Der Neue

Roman. Deutsch von Ursula Kösters-Roth

Es ist Abneigung auf den ersten Blick. Kitty sieht ihn, haßt ihn und nennt ihn fortan nur noch ›Glubschauge‹. Was immer er auch tut, um mit ihr in Kontakt zu kommen, Kitty bleibt ihrer Abneigung treu. Sie läßt welke Efeublätter in sein Glas rieseln, versteckt seine Bücher und beschreibt ihn in ihrem Schulaufsatz unter dem Thema ›Was ich am meisten hasse‹. Kitty nervt, so gut sie kann. Aber ›Glubschauge‹ quittiert alles mit unendlicher Geduld und riesigen Schachteln mit Pfefferminztalern. Nur die andauernde Erwähnung von Simon, seinem Vorgänger, macht ihn allmählich nervös – denn schließlich ist er der neue Liebhaber von Kittys Mutter.

»*Der Neue* ist ein Hit: witzig, geistreich, feinfühlig und warmherzig... Ein wunderschönes Buch.«
The Guardian, London

Mrs. Doubtfire

Das stachelige Kindermädchen

Roman. Deutsch von Ursula Kösters-Roth

Lydia, Christopher und die kleine Nathalie leiden unter den Ehekrächen ihrer Eltern. Auch die Scheidung hat das Familienleben nicht einfacher gemacht. Mutter und Vater nerven sich gegenseitig mit kleinen Biestigkeiten. Als die Mutter eine Annonce für eine Haushälterin aufgibt, die die Kinder nach der Schule beaufsichtigen soll, wird der Vater wütend: Wieso soll eine fremde Person auf seine Kinder aufpassen, obwohl er das gern selbst täte? Da hat er eine Idee: Wozu ist er schließlich Schauspieler... Die bittersüße, rührende, vor allem sehr komische Geschichte, über eine zerrissene Familie, die letztendlich ihren Weg findet, um mit der neuen Situation zurechtzukommen.

»Anne Fine versteht es glänzend, skurrile Situationen amüsant zu beschreiben.«
Frankfurter Allgemeine Zeitung

Familienkrieg

Roman. Deutsch von Barbara Heller

Bis vor drei Monaten war Estelle ein ganz normales Mädchen. Aber jetzt verwandelt sie sich in eine schwarzgekleidete Furie: Kein Tag vergeht, an dem nicht zwischen Estelle und ihren Eltern die Fetzen fliegen. Der ein Jahr ältere Bruder William beschließt, daß es so nicht weitergehen kann. Mit dem psychologisch geschulten Blick einer hervorragenden Schriftstellerin und dem liebevollen Augenzwinkern einer Frau, die selbst heranwachsende Kinder hat, zeichnet Anne Fine das Bild einer Familie, die einer Zerreißprobe ausgeliefert ist: den Stürmen des Erwachsenwerdens einer jungen Frau.

»Anne Fine ist Expertin für die literarische Zubereitung von Familien- und Beziehungsfragen.«
Freitag, Berlin

Das Baby-Projekt

Roman. Deutsch von Barbara Heller

Mit einem drei Kilo schweren Mehlsack herumzurennen, der ein Baby darstellen soll, ist für eine Klasse von dreizehnjährigen Jungs kaum zu ertragen. Drei Wochen lang sollen sie auf ihre ›Mehlbabys‹ aufpassen und auch noch in einem Tagebuch über diese neue Erfahrung eines Lebens mit Kind berichten. Simon ist nicht begeistert, aber er kommt mit seiner Mutter in Gespräche über seine eigene Kindheit – und über den

Vater, der spurlos verschwand, als Simon sechs Wochen alt war.

»Satire pur und liebevoll – da paßt jede Pointe, sitzt jedes Detail.« *Hamburger Morgenpost*

Die Lügenbande

Roman. Deutsch von Ursula Kösters-Roth

Warum sind die Brieffreunde von Laura und Oliver entweder solche Langweiler, daß man über ihren Briefen einschläft, oder hochgradige Neurotiker? Die biedere Miranda bringt Laura jedenfalls an den Rand der Verzweiflung. So erfindet sie kurzerhand Lady Melody Estella Priscilla Hermione Irwin und beginnt als diese einen außergewöhnlichen Briefwechsel mit der ahnungslosen Miranda, der sie eine fantastische Lügengeschichte über sich und ihr außergewöhnliches Leben auftischt. Aber Laura muß schon bald erfahren, daß sie nicht die einzige ist, die andere erfolgreich täuscht ...

Typisch Tulipa

Roman. Deutsch von Ursula Kösters-Roth

Daß Tulipa in der Schule eine Außenseiterin ist, stört Nathalie nicht. So hat sie die phantasievolle Freundin ganz für sich. Doch die Streiche, die Tulipa ausheckt, werden immer riskanter, bis sie schließlich die Grenze zur Bösartigkeit überschreiten.
Vor einigen Jahren wurde vor einem englischen Supermarkt ein Baby von zwei zehnjährigen Jungen entführt. Anne Fine nahm diesen Vorfall zum Anlaß, dieses packende Buch zum Thema Jugendkriminalität zu schreiben.

»Niemand wird böse geboren. Niemand.« *Anne Fine*

»Anne Fine zeigt in diesem Roman, dessen Düsternis von Wärme und Witz durchbrochen wird, wie mäch-

tig Anziehung und Unbehagen in einer Beziehung sein können. Brillant und hypnotisierend.«
The Guardian, London

Familien-Spiel

Roman. Deutsch von Barbara Heller

Fünf Jugendliche erzählen sich bei einem Schulausflug Geschichten, über die sie sonst nicht gern reden: Sie erzählen von der Scheidung ihrer Eltern und vom Gefühlschaos, in das sie die neuen Lebensumstände manchmal stürzen. Ein Kaleidoskop von Tatsachen und Gefühlen tut sich auf, denen Kinder und Eltern einer heutigen Patchwork-Familie ausgesetzt sind.

»Es gibt keine Bösen und Guten bei den Eltern der Jugendlichen, es gibt nur verschiedenste Aspekte der Verwirrung, wenn die modernen Stieffamilien versuchen, sich an die neue Situation anzupassen.«
The Times, London

»Früher war es der Tod, der Familien auseinanderbrachte – heute ist es die Scheidung.« *Anne Fine*

Kinderbücher von Anne Fine

Kuh-Lotto

Mit Bildern von Gabriele Kernke
Deutsch von Erica Ruetz

Fräulein Mirabelle ist die tollste Lehrerin, die Lance je hatte. Aber die Direktorin, Frau Spick, findet sie untragbar. Und daß ihr für das bevorstehende Schulfest nichts einfällt, was sie mit ihrer Klasse beitragen könnte, wundert Frau Spick überhaupt nicht! Ein guter Vorwand, um diese unmögliche Person endlich loszuwerden. Aber Frau Spick hat ihre Rechnung ohne Lance und seine Kuh Rosa gemacht...

»Wer die Kapitelüberschriften gelesen hat, der wird nicht ums Lesen drumrumkommen.«
Susanne Kippenberger/Der Tagesspiegel, Berlin

Bills neues Kleid

Mit Bildern von Gabriele Kernke
Deutsch von Barbara Heller

»Eines Tages stellt Bill fest, daß er ein Mädchen ist und findet sich in einem rosa Kleid wieder. Alle Welt tut, als sei es das Normalste überhaupt – nur Bill wundert sich, daß die Welt für Mädchen so ganz anders ist... Ein amüsantes Buch für Leser jeden Alters und jeden Geschlechts.« *Saarländischer Rundfunk*

Zaubernebel

Mit Bildern von Gabriele Kernke
Deutsch von Ursula Kösters-Roth

Eines Morgens findet Jeanie auf dem Weg zur Schule einen Ring. Als sie während der Schulstunde daran herumspielt, erscheint in einer glitzernden Nebelschwade ein dickes Männchen mit Pluderhosen und Schnabelschuhen und behauptet, der ›Geist des Ringes‹ zu sein. Der Kleine besteht darauf, Jeanie jeden Wunsch zu erfüllen, und Jeanie wünscht sich einen ›einzigartig schönen Tag‹...

»Anne Fine setzt die ernsthaftesten Themen spielerisch-leicht um. Schmunzeln ist erlaubt – auch im Hinblick auf Gabriele Kernkes treffsichere Illustrationen.« *Der Bund, Bern*

Tagebuch einer Killer-Katze

Mit Bildern von Steve Cox
Deutsch von Barbara Heller

Okay, okay. Dann hängt mich eben. Ja, ich habe den Vogel umgebracht. Verdammt noch mal, ich bin nun mal eine Katze. Es ist sozusagen mein Job, den Garten nach süßen kleinen Vögelchen abzusuchen, die kaum von einem Zaun zum anderen flattern können. Was soll ich denn machen, wenn eins dieser armen kleinen Federbälle sich geradewegs in meinen Rachen stürzt?

So beginnt das Tagebuch einer Killer-Katze. Als das Nachbarskaninchen tot aufgefunden wird, steht die arme Kuschel natürlich sofort unter Verdacht. Aber kann sie es überhaupt gewesen sein?

Ein Engel in der Schule

Mit Bildern von Gabriele Kernke
Deutsch von Barbara Heller

Wie herrlich könnte es in der Schule sein, wenn Leute wie Barry Hunter in Schach gehalten würden, wenn man in Ruhe arbeiten, die Pausen genießen könnte. Doch da taucht Celeste auf: ein engelhaftes Wesen mit blonden Löckchen und veilchenblauen Augen. ›Die mach ich fertig‹, denkt Barry Hunter. Aber da ist er bei Celeste ein für allemal an die Richtige geraten.

Ein total verrücktes Huhn

Mit Bildern von Gabriele Kernke
Deutsch von Barbara Heller

Von Geburt an wurden die Hühner auf der Gräulich-Farm in winzigen Käfigen gehalten, in denen sie nicht einmal genug Platz hatten, um die Flügel auszubreiten. Es gab kein Fenster, nur künstliches Licht, nie hatten die Hühner eine Wiese gesehen, nie in einem Hof gescharrt. Sie hockten in ihren zu engen Käfigen auf Drahtgeflechten, wurden gemästet und legten ein Ei nach dem anderen, bis sie schließlich geschlachtet wurden. Und so wäre es Generationen von Hühnern auf dem Gräulich-Hof weiterhin ergangen, wenn nicht eines Nachts die kleinen grünen Männchen gekommen wären und die Hühner aus den Käfigen bugsiert hätten. Aber nicht weil sie die Hühner befreien wollten – sondern weil sie die Käfige brauchten. Denn Menschen schmeckten ja so viel besser als Hühner, fanden die kleinen grünen Männchen …

»Seit *Farm der Tiere* ist mir keine so kluge und bissige, sozial engagierte Geschichte mehr begegnet. Es ist schwierig, den Witz und die Brillanz zu vermitteln, die auf jeder Seite funkelt.« *Junior Bookshelf, London*

Punky Mami

Mit Bildern von Gabriele Kernke
Deutsch von Barbara Heller

Es ist nicht einfach für Minna, die einzig Vernünftige in der Familie zu sein. Ewig muß sie auf ihre Mutter aufpassen. Sonst liefe doch wieder alles schief: Die Zahnarzttermine würden vergessen werden, das Haushaltsgeld ginge für verrückte Klamotten drauf, das Goldfischaquarium würde nie geputzt werden. Mami würde ewig mit ihrem Freund Fiese Made auf dem Sofa rumhängen, fernsehen und Chips in sich hineinstopfen. Und – mal ehrlich – wie würdet ihr euch denn fühlen, wenn eure Mutter knallblaue Haare hätte und mit lila Netzstrümpfen herumliefe?

Goldnebel

Mit Bildern von Gabriele Kernke
Deutsch von Ursula Kösters-Roth

»Etwas wegwerfen? Unmöglich!« findet Toby, als seine Mutter energisch verlangt, daß er endlich sein Zimmer entrümpelt. Doch als er die alte Messinglampe unter seinem Bett hervorkramt, entsteigt ihr der Geist Hassan und erteilt ihm eine Lektion in Sachen ›haben wollen‹ und ›brauchen‹.

»Anne Fines Bücher machen den grauen Alltag bunter.« *Ortwin Löwa/NDR, Hamburg*